# ¡Exprésate!

Mei Nomura
Yumi Sunahara

Editorial ASAHI

# PAÍSES HISPANOHABLANTES

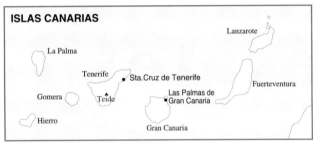

## ISLAS CANARIAS

La Palma

Lanzarote

Tenerife
Sta.Cruz de Tenerife

Gomera
Teide

Las Palmas de
Gran Canaria

Fuerteventura

Hierro

Gran Canaria

ESPAÑA

Mar Cantábrico

FRANCIA

La Coruña
Gijón
Santander
Guernica
San Sebastián

Santiago
de Compostela
Lugo
ASTURIAS
Oviedo
CANTABRIA
Bilbao
PAÍS VASCO
Pamplona

ANDORRA

C.Finisterre
GALICIA
El cebrero
León
Vitoria
NAVARRA
Jaca
Llivia

Pontevedra
Astorga
Burgos
Logroño
Huesca
Figueras

Vigo
Orense
Palencia
LA RIOJA
Zaragoza
Gerona

Miño
CASTILLA-LEÓN
Soria
CATALUÑA
Lérida
Barcelona

Zamora
Valladolid
Duero
Ebro
Tarragona

Oporto
Medina del Campo
ARAGÓN
Tortosa

Douro
Salamanca
Segovia
Teruel
Castellón de la Plana
Menorca

Ávila
Guadalajara
Mallorca

MADRID
Alcalá de Henares
Cuenca
Palma

PORTUGAL
Talavera de la Reina
MADRID
Aranjuez
VALENCIA
ISLAS BALEARES

Tajo
Toledo
Valencia

C.da Roca
LISBOA
CASTILLA-LA MANCHA
Júcar
Ibiza

Cáceres
EXTREMADURA
Mérida
Alcázar de San Juan
Albacete
Formentera

Guadiana
Ciudad Real
Segura

Évora
Alicante
Costa Blanca
Elche
Murcia

Córdoba
Guadalquivir
MURCIA
Mar Mediterráneo

Jaén
Cartagena

Huelva
ANDALUCÍA
Granada

Sevilla
Mulhacén
Almería

Málaga
Nerja

Cádiz
Costa del Sol

Algeciras
Gibraltar

Estrecho de Gibraltar
Ceuta

Océano Atlántico
Melilla
ARGELIA

MARRUECOS

# HISPANOAMÉRICA

DOS

Mississippi

Nueva Orleans
(New Orleans)

Golfo de México

Miami

BAHAMAS

Is. Bahamas

La Habana

CUBA

Mérida

Santiago de Cuba

PUERTO
RICO

cruz

P. de Yucatán

San Juan

HAITÍ

Santo Domingo

BELIZE

JAMAICA

REPÚBLICA
DOMINICANA

ATEMALA

HONDURAS

atemala

Tegucigalpa

Mar Caribe

San Salvador

SALVADOR

NICARAGUA

Managua

Antillas Menores

Cartagena

Maracaibo

Lago de Maracaibo

TRINIDAD Y
TOBAGO

COSTA RICA

San José

Panamá

Caracas

Puerto España
(Port of Spain)

PANAMÁ

Medellín

VENEZUELA

Ciudad
Bolívar

Orinoco

LLANOS

Buenaventura

Bogotá

GUYANA

SURINAM

Guayana Francesa

COLOMBIA

MAGDALENA

Arch. de Colón
(Is. Galápagos)

Quito

ECUADOR

Cotopaxi

Chimborazo

Amazonas

Manaus

Belém

Fortaleza

Guayaquil

CORDILLERA

Chiclayo

Cajamarca

Trujillo

BRASIL

San Francisco

Recife

Callao

Lima

PERÚ

Cuzco

BOLIVIA

Salvador

L. Titicaca

Arequipa

Cochabamba

La Paz

EL ALTIPLANO

Santa Cruz
de la Sierra

Brasilia

Belo Horizonte

Sucre

DE

Potosí

Paraguay

Paraná

LOS

PARAGUAY

São Paulo

Rio de Janeiro

Antofagasta

Salta

Asunción

Curitiba

Santos

CHILE

ANDES

San Miguel
de Tucumán

Paraná

Santa Fe

Porto Alegre

Córdoba

Paraná

Uruguay

Aconcagua

Valparaíso

San Juan

Rosario

Santiago

Mendoza

URUGUAY

Buenos Aires

Montevideo

La Plata

Concepción

ARGENTINA

Río de la Plata

Colorado

Mar del Plata

Negro

Temuco

Puerto Montt

PATAGONIA

Comodoro Rivadavia

Is. Malvinas
(Falkland)

Estrecho de Magallanes

Punta Arenas

Tierra del Fuego

Is. Georgias del Sur

Ushuaia

C. de Hornos

Océano Atlántico

Océano Pacífico

## 音声ダウンロード

 **音声再生アプリ「リスニング・トレーナー」(無料)**

朝日出版社開発のアプリ、「リスニング・トレーナー（リストレ）」を使えば、教科書の

音声をスマホ、タブレットに簡単にダウンロードできます。どうぞご活用ください。

**まずは「リストレ」アプリをダウンロード**

≫ App Store はこちら　　≫ Google Play はこちら

**アプリ【リスニング・トレーナー】の使い方**

① アプリを開き、「コンテンツを追加」をタップ

② QR コードをカメラで読み込む

③ QR コードが読み取れない場合は、画面上部に 55152 を入力し

「Done」をタップします

QR コードは㈱デンソーウェーブの登録商標です

## 単語リスト（データ）及び Web ストリーミング音声、その他

https://text.asahipress.com/free/spanish/expresate/

# はじめに

　本書は、スペイン語を基礎からしっかりと学び、かつスペイン語のコミュニケーション能力を身につけたい人を対象としています。

　各課は以下の項目で構成され、全体で12課（各課8ページ）です。

　　　**Gramática** 文法説明
　　　**Repaso** 文法確認問題（文法説明で扱った事項のみ）
　　　**Ejercicios gramaticales** 文法練習問題
　　　**Expreiones** 短文表現
　　　**Diálogo** 会話
　　　**Un poquito más** 読解問題

　演習の時間を確保できるよう、**Gramática** はコンパクトにまとめていますが（2ページ）、補遺も含めて初級文法のすべての文法事項を扱っています。学んだ文法事項を **Repaso** で確認し、**Ejercicios gramaticales** で定着させることができます。**Expresiones** では、学んだ文法知識を基に自分で作文する力を鍛えるための代入問題を作りました。これらの代入問題を難なく解けるように訓練することは、実際の会話の場面で発言する際の助けになるでしょう。**Diálogo** や **Un poquito más** では、自分自身や家族、友人といった身近な存在のこと、自分の国や住んでいる地域のことをスペイン語で伝えられるよう構成しました。また、メール、電話や受診時のやりとりから、スペインの観光名所やお祭りに関する内容も盛り込みました。更にリスニング問題や巻末には文法補足問題（**Ejercicios adicionales de gramática**）と文法補遺（**Apéndice**）を用意しており、本テキストを通して1500語以上を覚えることができます。

　進度の目安としては、半期30回の授業であれば、各課に4回から5回かけて、1年で全12課を終えることができます。半期15回の授業であれば、各課の文法説明と文法確認問題で1回、会話や読解問題で1回、文法練習問題や短文表現等は授業外学習にまわすことで、1年で全12課を終えることができます。学習者のニーズに応じて、巻末の文法補遺や文法補足問題、単語リスト（データ）をご活用ください。

　本書の作成にあたり全編を通して詳細かつ貴重なご助言をくださった辻井宗明先生、スペイン語のチェックをしてくださった Pilar Valverde 先生、多忙にもかかわらず全体に目を通し貴重なご意見をくださった関西外国語大学スペイン語学科の先生方、録音に協力していただいた Arturo Varón López 先生と Yolanda Fernández 先生、朝日出版社の山中亮子氏に厚く御礼申し上げます。

2023年　春

著者

# Índice　目次

# Introducción

## Gramática

**1. アルファベット** Alfabeto

| 文字 | 名称 | 文字 | 名称 | 文字 | 名称 | 文字 | 名称 |
|---|---|---|---|---|---|---|---|
| A a | a | H h | hache | Ñ ñ | eñe | U u | u |
| B b | be | I i | i | O o | o | V v | uve |
| C c | ce | J j | jota | P p | pe | W w | uve doble |
| D d | de | K k | ka | Q q | cu | X x | equis |
| E e | e | L l | ele | R r | erre | Y y | ye |
| F f | efe | M m | eme | S s | ese | Z z | zeta |
| G g | ge | N n | ene | T t | te | | |

**2. 発音** Pronunciación

1) 母音

① 単母音　強母音 a,e,o　　pan パン　　　mesa テーブル　　　sopa スープ

　　　　　弱母音 i,u　　fin 終わり　　uno 1

② 二重母音　強＋弱　　baile ダンス　　Europa ヨーロッパ　　boina ベレー帽

　　　　　　弱＋強　　piano ピアノ　　siete 7　　　　　　agua 水

　　　　　　弱＋弱　　Luis　ルイス（人名）　　　　　　　veintiuno 21

③ 三重母音　弱＋強＋弱　estudiáis (君たちは) 勉強する　　Paraguay パラグアイ

2) 子音

① 単子音

| | | | | | |
|---|---|---|---|---|---|
| **b,v** | banco 銀行 | vino ワイン | **k** | kilo キログラム | karate 空手 |
| **c** | casa 家 | cuna ゆりかご | **l** | luna 月 | limón レモン |
| (e, i の前) | cena 夕飯 | cine 映画 | **ll** | paella パエリア | lluvia 雨 |
| **ch** | chico 少年 | coche 車 | **m** | mano 手 | moto バイク |
| **d** | dedo 指 | dos 2 | **n** | naranja オレンジ | noche 夜 |
| (語末) | ciudad 町 | salud 健康 | **ñ** | mañana 明日 | España スペイン |
| **f** | familia 家族 | foto 写真 | **p** | paraguas 傘 | papel 紙 |
| **g** | gafas 眼鏡 | guantes 手袋 | **q** (que, qui) | queso チーズ | quince 15 |
| (gue, gui) | guerra 戦争 | guía ガイド | **r** | cara 顔 | parque 公園 |
| (güe, güi) | bilingüe バイリンガル | | (語頭、n,l,s の後) río 川 | | |
| (e, i の前) | gente 人々 | girasol ヒマワリ | Enrique エンリケ（人名） | | |
| **h** | historia 歴史 | hotel ホテル | **rr** | guitarra ギター | perro 犬 |
| **j** | Japón 日本 | jefe 上司 | **s** | sal 塩 | sonido 音 |

| t | tarea 宿題 | tomate トマト | y | yo 私 | desayuno 朝食 |
|---|---|---|---|---|---|

t  tarea 宿題  tomate トマト

w  web ウェブ  kiwi キウイ

x  examen 試験 taxi タクシー
(文頭、子音の前) xilófono　木琴
extranjero 外国人 México メキシコ

y  yo 私  desayuno 朝食
(単独、語末) y そして  ley 法律

z (za, zo, zu) pizarra 黒板lápiz 鉛筆

② 二重子音

| pl, pr | plan 計画 | problema 問題 |
|---|---|---|
| bl, br | biblioteca 図書館 | Brasil ブラジル |
| fl, fr | flor 花 | Francia フランス |
| cl, cr | clase 授業 | crema クリーム |
| gl, gr | iglesia 教会 | Granada グラナダ |
| dr | drama ドラマ | Madrid マドリード |
| tr | tren 電車 | metro 地下鉄 |

 Apéndice 音節、音節分け

 **3. アクセント** Acento

3

1) 母音または -n,-s で終わる語は、後ろから 2 つ目の母音にアクセントがくる。

plaza　　　hermano　　　imagen　　　lunes

2) それ以外の語は、最後の母音にアクセントがくる。

hospital　　universidad　　mujer　　　nariz

3) アクセント符号がある語は、その位置にアクセントがくる。

sábado　　azúcar　　　jardín　　　estación

4) 二重母音、三重母音は 1 つの母音とみなす。

patio　　　paraguas　　fuego　　　buey

¡OJO! 二重母音、三重母音はその中の
強母音にアクセントがくる

 **4. 主格人称代名詞** Pronombres personales de sujeto

4

|  | 単数 | 複数 |
|---|---|---|
| 1 人称 | yo 私は | nosotros / nosotras　私たちは |
| 2 人称 | tú　君は | vosotros / vosotras　君たちは |
| 3 人称 | él / ella　彼 / 彼女は | ellos / ellas　彼らは / 彼女らは |
| | usted　あなたは | ustedes　あなたがたは |

※中南米では vosotros / vosotras は使用せず、ustedes を用いる。

## 5. 数字 (0 - 101) Numerales cardinales (1)

| | | | | | | | |
|---|---|---|---|---|---|---|---|
| 0 | cero | 10 | diez | 20 | veinte | 30 | treinta |
| 1 | uno | 11 | once | 21 | veintiuno | 31 | treinta y uno |
| 2 | dos | 12 | doce | 22 | veintidós | 40 | cuarenta |
| 3 | tres | 13 | trece | 23 | veintitrés | 50 | cincuenta |
| 4 | cuatro | 14 | catorce | 24 | veinticuatro | 60 | sesenta |
| 5 | cinco | 15 | quince | 25 | veinticinco | 70 | setenta |
| 6 | seis | 16 | dieciséis | 26 | veintiséis | 80 | ochenta |
| 7 | siete | 17 | diecisiete | 27 | veintisiete | 90 | noventa |
| 8 | ocho | 18 | dieciocho | 28 | veintiocho | 100 | cien |
| 9 | nueve | 19 | diecinueve | 29 | veintinueve | 101 | ciento uno |

## Repaso

**1 アルファベットを読もう。**

(1) E　　　　(2) A　　　　(3) C　　　　(4) I　　　　(5) H

(6) J　　　　(7) G　　　　(8) Q　　　　(9) Z　　　　(10) R

**2 次の語を発音しよう。**

(1) hotel　　　　(2) ciudad　　　　(3) pizarra　　　　(4) parque

(5) quince　　　　(6) gente　　　　(7) jefe　　　　(8) México

**3 次の語に二重母音があれば下線を引こう。**

(1) c e n a　　　　(2) f a m i l i a　　　　(3) b a i l e

(4) g u a n t e s　　　　(5) p i a n o　　　　(6) t a r e a

**4 次の語のアクセントのある母音を○で囲もう。**

(1) c a s a　　　　(2) s a l u d　　　　(3) p a p e l

(4) l l u v i a　　　　(5) J a p ó n　　　　(6) g u í a

**5 スペイン語で書こう。**

(1) 4　　　　(2) 7　　　　(3) 9　　　　(4) 10

(5) 13　　　　(6) 15　　　　(7) 22　　　　(8) 30

## Ejercicios gramaticales

**1** 次の名称を大文字のアルファベットで書いて、頭文字語を完成させよう。

(1) a – uve – e                  (2) o – ene – u

(3) de – ene – i               (4) i – uve – a

(5) efe – i – efe – a         (6) o – uve – ene – i

(7) erre – c – ene – efe – e

**2** 次の語の二重母音に下線を、三重母音に波線を引こう。

(1) euro           (2) huevo         (3) idea

(4) estudiante    (5) Uruguay    (6) toalla

**3** 次の語のアクセントのある母音を○で囲もう。

(1) flor        (2) martes       (3) lápiz       (4) edificio

(5) ciudad    (6) teatro       (7) mujer      (8) país

**4** スペイン語にしよう。

(1) 私           (2) 彼女         (3) 君たち（男性のみ）

(4) あなた      (5) 彼ら        (6) 私たち（女性のみ）

**5** スペイン語で答えよう。

Ej.) Uno más uno son dos.      /   Cinco menos dos son tres.

(1) Tres más nueve son _____.

(2) Siete más trece son _____.

(3) Ocho menos dos son _____.

(4) Once menos seis son _____.

(5) Diecinueve más cuatro son _____.

(6) Sesenta y cinco menos cincuenta son _____.

Los patios andaluces, una herencia árabe

Saludos

6

**1**

José: ¡**Buenos días**!
Me llamo José.
**Encantado**.
¿Cómo te llamas?

Ana: ¡Hola!
Me llamo Ana.
**Encantada**.
¿Cómo estás, José?

José: Muy bien.
¿Y tú, Ana?
¿Cómo estás?

Ana: Muy bien.

José: Ya me voy.
¡**Hasta mañana**!

Ana: ¡**Nos vemos**!

Buenas tardes.
Buenas noches.

Mucho gusto.

Hasta luego.
Hasta pronto.
Adiós.

Aeropuerto Adolfo Suárez-Barajas

## En clase

**2** | 7

Alumna: ¡Profesor! ¿Cómo se dice "**Spain**" en español?

Profesor: Se dice "España".

Alumna: ¿Cómo se escribe?

Profesor: E, ese, pe, a, eñe, a.

Alumna: ¿Puede repetir, por favor?

Profesor: Por supuesto. E, ese, pe, a, eñe, a.

Alumna: ¿Está bien así?

Profesor: Sí. ¡Perfecto!

Alumna: Gracias.

Profesor: De nada.

Omedetoo! = ¡Enhorabuena!
Tasukete! = ¡Socorro!
Doroboo! = ¡Ladrón!
Tomare! = ¡Alto!

**3** | 8

Alumno: ¿Qué significa "libro"?

Alumna: Significa "hon".

Alumno: ¿Cómo? Otra vez, por favor.

Alumna: Claro. Significa "hon".

Alumno: Ahora **entiendo**. Gracias.

Alumna: De nada.

Entiendo.
No lo entiendo.

**4** | 9

Profesora: ¿Qué quiere decir "**lee**"?

Alumno: No lo sé.

Alumna: Yo lo sé. Quiere decir "yominasai".

Alumno: **Más despacio**, por favor.

Alumna: Quiere decir "yominasai".

Alumno: Vale, gracias.

Alumna: No hay de qué.

Escribe.
Escucha.
Piensa.
Repite.
Contesta.
En parejas.
En grupos.

Más alto.

## DIÁLOGO

10

**José:** ¿Qué día es hoy?

**Ana:** Hoy es lunes, 3 de abril.

hoy — mañana — pasado mañana

. . .

**José:** Entonces, nos vemos el miércoles, 5 de abril.

**Ana:** Sí. ¡Hasta el miércoles!

11 Los días de la semana y la fecha

| mes | año | los días de la semana |
| --- | --- | --- |

| ABRIL 2023 | | | | | | |
| --- | --- | --- | --- | --- | --- | --- |
| lunes | martes | miércoles | jueves | viernes | sábado | domingo |
| 27 | 28 | 29 | 30 | 31 | 1 | 2 |
| 3 | 4 | 5 | 6 | 7 | 8 | 9 |
| 10 | 11 | 12 | 13 | 14 | 15 | 16 |
| 17 | 18 | 19 | 20 | 21 | 22 | 23 |
| 24 | 25 | 26 | 27 | 28 | 29 | 30 |

Meses

enero, febrero, marzo, abril, mayo, junio
julio, agosto, septiembre, octubre, noviembre, diciembre

**1** ¡A contestar!　質問に答えよう。

(1) ¿Qué día es hoy? ---Hoy ( __ ) ( _____ ), ( _____ ) de ( _____ ).

(2) ¿Qué día es mañana? _____

(3) ¿Qué día es pasado mañana? _____

**2** ¡A escuchar!　音声を聞き、聞こえた日付を書きとろう。

12

(1)

(2)

(3)

## UN POQUITO MÁS

**Crea tu avatar**

**Lección 1** と **2** の練習問題用に自分のキャラクターを設定しよう。

· Tu nombre. _____

· Tu apellido: _____

· Tu dirección de correo electrónico: _____

· Tu número de teléfono: _____

· Tu procedencia: _____

· Tu cumpleaños: _____

· Tu profesión: _____

· Tu padre: (nombre) _____ (profesión) _____

· Tu madre: (nombre) _____ (profesión) _____

· Tu hermano: (nombre) _____ (profesión) _____

· Tu hermana (nombre) _____ (profesión) _____

Plaza de España en Madrid, homenaje a Cervantes

# Lección 1

**1. 名詞** Sustantivos

13

1) 名詞の性

① 自然の性を持つ名詞　　-ante, -ense, -ista は男女同形

男性名詞　niño　　perro　　padre　　profesor　　estudiante　　artista

女性名詞　niña　　perra　　madre　　profesora　estudiante　　artista

② 自然の性を持たない名詞

男性名詞　teléfono　vino　　amor　　coche　　avión

女性名詞　puerta　　facultad　ciudad　canción　profesión

例外：男性名詞　clima　　idioma　　problema　　mapa　　día

　　　　女性名詞　mano　　foto　　moto　　radio

2) 名詞の複数形

① 母音＋-s　　taxi　→　taxis　　padre　→　padres

② 子音＋-es　ciudad　→　ciudades　　rey　→　reyes

　　　　　　　lápiz　→　lápices

**¡OJO!**

・単複同形 paraguas cumpleaños
lunes（月曜から金曜までの曜日）
・estación → estaciones
examen → exámenes

**2. 冠詞** Artículos

14

1) 不定冠詞

|  | 単数 | 複数 |
|---|---|---|
| 男性 | un amigo | unos amigos |
| 女性 | una amiga | unas amigas |

① 初出の名詞　**un** libro　**una** mujer
② 単数形「1つの」　**un** zumo　**una** revista
　複数形「いくつかの」　**unos** chicos

2) 定冠詞

|  | 単数 | 複数 |
|---|---|---|
| 男性 | el gato | los gatos |
| 女性 | la gata | las gatas |

① 既出の名詞　**la** estación　**los** alumnos
② 総称　**el** arroz　**los** japoneses

**¡OJO!** el (un) ＋女性単数名詞
el agua　un aula

**3. 形容詞** Adjetivos

15

1) o で終わる形容詞

|  | 単数 | 複数 |
|---|---|---|
| 男性 | alto | altos |
| 女性 | alta | altas |

2) -o 以外の母音、または子音で終わる形容詞

|  | 単数 | 複数 |
|---|---|---|
| 男性 | grande | grandes |
| 女性 | grande | grandes |

 **Apéndice** 形容詞の位置

3) 国籍・地名

español / españoles, española / españolas

japonés / japoneses, japonesa / japonesas

① 原則として名詞の後に置かれる　un bolso **amarillo**　unas botas **blancas**
② 主に名詞に前置する形容詞　**muchos** libros　**muchas** casas　**pocos** deberes
③ 形が変わる形容詞　　un **buen** libro　　　un **mal** recuerdo　　　un **gran** cantante
　　　　　　　　　　　　　（bueno）　　　　　　（malo）　　　　　　（grande）

## 4. 所有詞 (前置形) Posesivos (1)

|  | 所有者が単数 |  |  |  | 所有者が複数 |  |  |  |
|---|---|---|---|---|---|---|---|---|
| 1 人称 | mi | gato / gata | mis | gatos / gatas | **nuestro** / **nuestra** | gato / gata | **nuestros** / **nuestras** | gatos / gatas |
| 2 人称 | tu | gato / gata | tus | gatos / gatas | **vuestro** / **vuestra** | gato / gata | **vuestros** / **vuestras** | gatos / gatas |
| 3 人称 | su | gato / gata | sus | gatos / gatas | su | gato / gata | sus | gatos / gatas |

名詞に前置し、名詞の性数に一致　　**tu** ordenador　　**mis** hermanas　　**nuestro** hijo

## 5. 動詞 ser El verbo *ser*

| yo | **soy** | nosotros / nosotras | **somos** |
|---|---|---|---|
| tú | **eres** | vosotros / vosotras | **sois** |
| él / ella/ usted | **es** | ellos / ellas / ustedes | **son** |

ser 変わりにくい性質
　Carmen **es** alegre.
　**Eres** guapo.

① ＋名詞　**Soy** estudiante. (身分)　　　　　　　　　　Marta **es** enfermera. (職業)

　　　　　Ella **es** española. (国籍)

② ＋形容詞　Sara **es** alta. (形状)　　　　　　　Ustedes **son** muy inteligentes. (性質)

③ ＋ de　**Es de** España. (出身)　　　**Soy de** la Facultad de Estudios Extranjeros. (所属)

　　　　　La chaqueta **es de** Javier. (所有)　　　　La camiseta **es de** algodón. (材料)

④ ＋場所、時　El examen **es** en el aula 1319. (場所)　　　La entrevista **es** mañana. (時)

## 6. 動詞 estar (1) El verbo *estar* (1)

| yo | **estoy** | nosotros / nosotras | **estamos** |
|---|---|---|---|
| tú | **estás** | vosotros / vosotras | **estáis** |
| él / ella/ usted | **está** | ellos / ellas / ustedes | **están** |

① ＋形容詞　**Estoy** contento en la clase. (感情・気分)

　　　　　**Estamos** cansados hoy. (体調)

② ＋副詞　Mis padres **están** bien.

¡OJO!

estar 一時的な状態
　Carmen **está** alegre.
　**Estás** guapo hoy con la gorra.

## 7. 否定文・疑問文 Oraciones negativas e interrogativas

1) 否定文　no ＋活用する動詞

　**No** soy Miguel.

　El banco **no** está abierto ahora.

2) 疑問文　¿「動詞＋主語」？または ¿「主語＋動詞」？

　¿Es usted el profesor Fernández? —Sí, soy yo.

　¿Eres de Madrid, Luz? —No, no soy de Madrid.

## 8. 疑問詞 (1) Interrogativos (1)

¿「疑問詞＋動詞＋主語」?

**qué** ¿**Qué** es esto? —Es un móvil.  ¿De **qué** color es tu maleta? —Es roja.

**dónde** ¿De **dónde** es Elena? —Es de España.

**cómo** ¿**Cómo** es tu madre? —Es alegre y simpática.  ¿**Cómo** estás? —Estoy bien.

**cuál(es)** ¿**Cuál** es la capital de Japón? —Es Tokio.

¿**Cuáles** son tus gafas, las negras o las rojas? —Son las rojas.

## Repaso

**1** 男性名詞と女性名詞に分けよう。

vino, mesa, teléfono, puerta, libro, coche, radio, foto, mapa, estación

| 男性名詞 | 女性名詞 |
|---|---|
|  |  |

**2** 指定された冠詞をつけよう。

(1) (不定冠詞          ) idioma

(2) (定冠詞          ) facultad

(3) (定冠詞          ) motos

(4) (不定冠詞          ) japoneses

**3** 必要があれば形容詞を適切な形にしよう。

(1) el vino (blanco          )

(2) la casa (grande          )

(3) una moto (amarillo          )

(4) (mucho          ) revistas

**4** 所有詞前置形を書こう。

(1) (私の          ) coche

(2) (彼の          ) padres

(3) (私たちの          ) amigos

(4) (君たちの          ) ciudad

**5** ser を適切な形にしよう。

(1) (yo          ) estudiante.

(2) Susana (          ) de Colombia.

(3) Nosotros (          ) taxistas.

(4) Sus padres (          ) altos.

**6** estar を適切な形にしよう。

(1) Mi madre (          ) cansada.

(2) (yo          ) bien, gracias.

(3) Carlos (          ) guapo hoy con las botas.

(4) Los hijos de Antonio (          ) alegres.

## Ejercicios gramaticales

**1** 次の名詞の性を辞書で調べ、複数形にしよう。

(1) hotel　　(2) sofá　　(3) pintor　　(4) luz　　(5) canción　　(6) miércoles

**2** 次の名詞の性を調べ、(1) ～ (3) には不定冠詞を、(4) ～ (6) には定冠詞をつけよう。

(1) euro　　(2) fotos　　(3) año　　(4) ojos　　(5) idea　　(6) francesas

**3** 次の形容詞を適切な形にしよう。

(1) una chica (simpático)　　　　　　(2) las personas (mayor)

(3) un problema (difícil)　　　　　　(4) las sandalias (negro)

(5) unas niñas (feliz)　　　　　　(6) unos coches (japonés)

**4** 所有詞前置形で書こう。

(1) (私の　　　　) tíos　　　　(2) (あなたの　　　　　) gafas

(3) (君たちの　　　) país　　　　(4) (彼らの　　　　　) profesora

(5) (君の　　　) zapatos

**5** ser を適切な形にしよう。

(1) (yo　　　) médico.　　　　(2) Jorge y yo (　　　　) de Venezuela.

(3) Las camisas (　　　) de algodón.　　(4) El ordenador (　　　) de Alejandro.

(5) (tú　　　) muy guapa, Sole.　　(6) (vosotros　　　　) peruanos, ¿verdad?

**6** estar を適切な形にしよう。

(1) Mi habitación (　　　　　　) sucia.

(2) ¿Vosotros (　　　　　) enfadados?

(3) Los tacos de David (　　　　　) muy buenos.

(4) Nuestra casa ya (　　　　　) vieja.

**7** [ ] に日本語にあう疑問詞を、( ) には ser または estar を適切な形にして書こう。

(1) ¿[どんな　　　] (　　　) tus padres? —(　　　) ocupados como siempre.

(2) ¿De [どこ　　] (　　　) el vino? —(　　　) de Chile.

(3) ¿[何　　　] (　　　) tu número de teléfono? —(　　　) el 0987654321.

例文の太字部分に指定の語を当てはめて、全文を書きかえよう。

21

**1**

> A: **Ken** es japonés, de **Tokio**. ¿De dónde es **Rin**?
>
> B: Rin es japonesa, de **Osaka**.

español/española
coreano/coreana
chino/china
mexicano/mexicana
estadounidense
francés/francesa
peruano/peruana
inglés/inglesa
alemán/alemana

(1) David, español, Madrid, Juana, argentino, Buenos Aires

    A: David (      ) (        ), de (        ).

      ¿De (      ) es (      )?

    B: Juana (      ) (        ), (      ) Buenos Aires.

(2) Sara, peruano, Lima, Gonzalo, estadounidense, Nueva York

⊙ 6 ページの **Crea tu avatar** をもとに、問いに答えよう。

    ¿De dónde eres tú?     Ej.) Soy español, de Barcelona.

    ¿De dónde es tu compañero/a?     Ej.) Mi compañero es francés, de París.

22

**2**

> A: **Antonio** es **cantante**. ¿Cuál es la profesión de **Lola**?
>
> B: Lola es **abogada**.

(1) Sonia, profesora de español, Julián, empleado de la empresa Arcoíris

    A: Sonia (      ) (        ) de español. ¿Cuál (     ) (     )

      profesión (     ) Julián?

    B: Julián (      ) (        ) de la (      ) Arcoíris.

(2) Manuel, estudiante de la Universidad de Salamanca, Sandra,

    ama de casa

⊙ 6 ページの **Crea tu avatar** をもとに、問いに答えよう。

    ¿Cuál es tu profesión?     Ej.) Soy médico.

enfermero/a
dependiente
oficinista
policía
ingeniero/a
carpintero/a
cocinero/a
peluquero/a

    ¿Cuál es la profesión de tu padre / madre / hermano / hermana?

    Ej.) Mi padre es periodista.

23

**3**

> A: ¿Cuál es el número de teléfono de **Isabel**?
>
> B: Su número de teléfono es el **123-456-789**.
>
> A: ¿Cuál es la dirección de correo electrónico de Isabel?
>
> B: Su dirección de correo electrónico es "**isabelrivera@qmail.com**".

arroba
guión
punto

(1) Claudio, 987-654-321, claudio2020@qmail.co.jp

A: ¿(        ) (        ) el número de (              ) de Claudio?

B: (      ) (        ) de teléfono (      ) el 987-654-321.

A: ¿(        ) (        ) la dirección de (        ) electrónico de Claudio?

B: (      ) (        ) de correo (        ) (      ) "claudio2020@ qmail.com".

⊙ 6 ページの **Crea tu avatar** をもとに、問いに答えよう。

¿Cuál es tu número de teléfono y dirección de correo?

Ej.) Mi número de teléfono es el ... Mi dirección de correo es...

¿Cuál es el número de teléfono y la dirección de correo de tu compañero/a?

Ej.) Su número de teléfono es el ... Su dirección de correo es...

🎧 4  
24

> A: **Pablo** es **alto** y **alegre**. ¿Cómo es **Carmen**?
>
> B: **Carmen** es **inteligente** y **trabajadora**.

serio/a
antipático/a
vago/a
gordo/a
delgado/a
guapo/a

(1) Roberto, bajo y simpático, Lola, tranquilo y tímido

A: Roberto (      ) (      ) y (        ). ¿(      ) (      ) Lola?

B: Lola (        ) (        ) y (        ).

(2) Fernando, amable y sociable, Ana, alegre y aplicado

⊙ 問いに答えよう。

¿Cómo eres tú?  Ej.) Soy bajo y simpático.

¿Cómo es tu compañero/a?   Ej.) Mi compañero es alto y alegre.

🎧 5  
25

> A: **Laura** está **nerviosa**. ¿Cómo está **Javier**?
>
> B: **Javier** está **tranquilo**.

triste
serio/a
cansado/a
enfermo/a
feliz
contento/a
ocupado/a
preocupado/a
aburrido/a
enfadado/a

(1) Cristina, alegre, Luis, irritado

A: Cristina (        ) (        ). ¿(        ) (      ) Luis?

B: Luis (      ) (        ).

(2) Julio, muy bien, Natalia, resfriado

⊙ 問いに答えよう。

¿Cómo estás tú?   Ej.) Estoy cansado.

¿Cómo está tu compañero/a?   Ej.) Mi compañero está muy bien.

26

**María:** ¡Hola! Soy María. Soy española. Soy profesora de inglés.
Soy alegre y muy aplicada.

**Carlos:** ¡Hola! Soy Carlos. Soy mexicano. Soy ingeniero.
Soy amable pero un poco introvertido.
¿Cómo estás, María? ¡Qué alegre estás!

**María:** Estoy muy alegre porque hoy es mi cumpleaños.

**Carlos:** ¡Felicidades!

**María:** ¡Gracias! ¿Cómo estás tú?

**Carlos:** Estoy muy contento porque ahora estoy de vacaciones.

**❶ ¡A practicar!** 例を参考に Carlos のことを説明しよう。

Ej.) María es española. Es profesora de inglés.
Es alegre y muy aplicada.
Está muy alegre porque hoy es su cumpleaños.

Carlos (　　　) (　　　　　). (　　　　) ingeniero.
(　　　) (　　　　　) pero un poco introvertido.
(　　　　) muy (　　　　　) porque ahora (　　　　　) de vacaciones.

**❷ ¡A contestar!** DIÁLOGO を参考に答えよう。

(1) ¿De dónde es María?


(2) ¿Cómo está María?


(3) ¿Cuál es la profesión de Carlos?


Facultades
Arquitectura. Ciencias. Ciencias farmacéuticas. Economía.
Educación. Filosofía. Ingeniería. Medicina.
Medicina Veterinaria. Odontología. Letras

## UN POQUITO MÁS

27

En mi familia somos cuatro: mi padre, mi madre, mi hermano y yo.

Mi hermano mayor se llama Javier. Es estudiante de universidad.

Es alto. Es un poco vago pero simpático.

Mi padre, Alejandro, es empleado de una empresa privada. Es hijo único.

Mi madre, Mónica, es ama de casa. Su hermano se llama Álex.

Álex es mi tío. Mi tía se llama Susana.

Mi abuelo paterno se llama Pablo y mi abuela, Dolores.

Mis abuelos maternos, Milagros y Vicente, ya están en el cielo.

hermano/a mayor/menor, tío/a, primo/a, sobrino/a,
abuelo/a, nieto/a, marido/mujer, esposo/a

Juan

❶ Juan の文章を参考に、空欄に名前を書き入れて家系図を完成させよう。

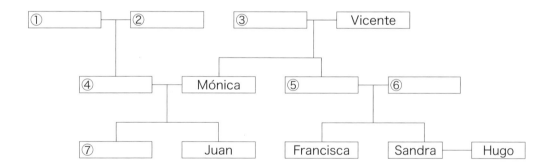

❷ ¡A escuchar! 音声で Sandra が自分の家族について話しています。よく聞いて空欄を埋め
28　よう。

En mi familia (①　　　　　　) cinco: mi padre, mi (②　　　　　　), mi hermana, mi
esposo y yo. Mi (③　　　　　) mayor se llama Francisca. (④　　　　) enfermera.
Es un poco tímida, pero muy simpática. Mi madre, Susana, (⑤　　) ama de casa. Mi
(⑥　　　　), Álex, es carpintero. (⑦　　　　) hermana se llama Mónica. Mónica es
mi tía. Mi (⑧　　　) se llama Alejandro. Mi (⑨　　　　　) se llama Hugo. Es alto y
delgado. (⑩　　　) ingeniero.

# Lección 2

29

**1. 指示詞** Demostrativos

|  | この、これ | | その、それ | | あの、あれ | |
|---|---|---|---|---|---|---|
| 男性 | este | estos | ese | esos | aquel | aquellos |
| 女性 | esta | estas | esa | esas | aquella | aquellas |
| 中性 | esto | | eso | | aquello | |

1) 形容詞　名詞に性数一致

　　**este** cuadro　　　**ese** edificio　　　**esas** manzanas　　　**aquellas** ventanas

2) 代名詞

　　**Este** es Fernando y **aquella** es Gema.

　　**Esos** zapatos son de Germán y **estos** son de Paula.

3) 中性形　名前のわからないものや、抽象的な事柄

　　¿Qué es **esto**? —Es una cámara de video.　　　**Eso** no es verdad.

30

**2. 所有詞（後置形）** Posesivos (2)

|  | 所有者が単数 | | | | 所有者が複数 | | | |
|---|---|---|---|---|---|---|---|---|
| 1人称 | amigo | mío | amigos | míos | amigo | nuestro | amigos | nuestros |
|  | amiga | mía | amigas | mías | amiga | nuestra | amigas | nuestras |
| 2人称 | amigo | tuyo | amigos | tuyos | amigo | vuestro | amigos | vuestros |
|  | amiga | tuya | amigas | tuyas | amiga | vuestra | amigas | vuestras |
| 3人称 | amigo | suyo | amigos | suyos | amigo | suyo | amigos | suyos |
|  | amiga | suya | amigas | suyas | amiga | suya | amigas | suyas |

1) ser の補語

　　Esta bolsa **es mía**.　　　　　　　¿**Son tuyas** aquellas zapatillas? —No. **Son suyas**.

2) 定冠詞+所有形容詞後置形　所有代名詞「〜のもの」

　　Mi diccionario es este y **el tuyo** es ese.　　Tu idea es buena, pero **la suya** es mejor.

31

**3. 動詞 estar (2)** El verbo *estar* (2)

特定の人や物（固有名詞、定冠詞、所有詞、指示詞）の所在を表す。

¿Dónde **estáis** ahora? —**Estamos** en la cafetería.

Mi casa **está** allí, al fondo del parque.

Los servicios **están** en el pasillo.

**4. hay**

haber の 3 人称単数形。不特定の人や物 (不定冠詞、無冠詞、数量を表す語) の存在を表す。

¿**Hay** un cajero automático por aquí? —Sí, **hay** uno cerca. (不定冠詞)

**Hay** gente en la calle. (無冠詞)

En el jardín **hay** muchos perros. (数量)

**5. 序数詞** Numerales ordinales

 序数詞 (6 〜 10)

| | 単数形 | | 複数形 | |
|---|---|---|---|---|
| 1 | primero / primer | primera | primeros | primeras |
| 2 | segundo | segunda | segundos | segundas |
| 3 | tercero / tercer | tercera | terceros | terceras |
| 4 | cuarto | cuarta | cuartos | cuartas |
| 5 | quinto | quinta | quintos | quintas |

**¡OJO!**
表記
1$^{er}$ semestre
2$^a$ planta
5$^o$ piso

原則として名詞の前に置かれ、修飾する名詞の性数に一致

el **primer** curso    la **segunda** planta    la **cuarta** hora    el **quinto** piso

primero, tercero は男性単数名詞の前で -o が脱落

Isabel I (primera)  Felipe II (segundo)   el siglo III (tercero)

11 以降は基数詞を用いることが多い   el siglo XII (doce)

**¡OJO!**
ローマ数字
I, II, III, IV, V
VI, VII, VIII, IX, X

**6. 不定語・否定語 (代名詞)** Indefinidos y negativos (1)

¿Hay **alguien** en casa? —No, no hay **nadie**.

¿Hay **algo** en la mesa? —No, no hay **nada**.

¿Hay **algo** de comer en el bolso?

—Sí, hay unas galletas.

**7. 疑問詞 (2)** Interrogativos (2)

cuándo          ¿**Cuándo** es tu cumpleaños? —Es el primero (uno) de agosto.

quién(es)        ¿**Quién** es Patricia? —Es hermana de Alicia.

                ¿De **quién** es esta camiseta? —Es mía.

cuánto/a/os/as   ¿**Cuánto** es? —Son veintiún euros.

                ¿**Cuántos** son ustedes? —Somos tres.

                ¿**Cuántas** sillas hay en el salón? —Hay seis.

**1** スペイン語にしよう。

(1) (その                    ) iglesia          (2) (あの                    ) esquina

(3) (この                    ) sábado          (4) (これらの                    ) flores

**2** ( ) に所有詞後置形を書こう。

(1) Aquel coche es (彼の                    ).

(2) Estos pantalones no son (私の                    ).

(3) ¿Son (君の                    ) esas gafas? —Sí, son (私の                    ).

(4) Nuestra pantalla es esta y la (君たちの                    ) es aquella.

**3** estar を適切な形にしよう。

(1) ¿Dónde (estar: tú                    ) ahora? —(                    ) en el comedor.

(2) Ese parque (                    ) cerca del museo.

(3) Granada y Sevilla (                    ) en el sur de España.

(4) Su piso (                    ) enfrente de la librería.

**4** hay に続く語句として適切なものをすべて選ぼう。

(1) En la plaza hay ( un supermercado / muchas tiendas / la fuente / niños ).

(2) ¿Dónde hay ( ese hostal antiguo / un hotel barato / tu casa nueva )?

(3) ¿Qué hay en tu bolso?

　　—Hay ( caramelos / los cuadernos de clase / unos bolígrafos ).

**5** ( ) 内に序数詞を適切な形にして書こう。

(1) el (1番目の                    ) hijo          (2) la (2番目の                    ) edición

(3) la (5番目の                    ) hora          (4) el (4番目の                    ) día

**6** ( ) 内に適切な不定語あるいは否定語を書こう。

(1) Hay (何か                    ) delante de la puerta.

(2) No hay (何も                    ) de comer en el bolso.

(3) ¿Hay (誰か                    ) en tu casa ahora? —No, no hay (誰も                    ).

## Ejercicios gramaticales

**1** （ ）を適切な形にしよう。

(1) Este es (君たちの　　　　　　　　) y el (私たちの　　　　　　　　) es (それ　　　　　　　).

(2) ¿Es (あなたの　　　　　　　) esa maleta? —No, no es (私の　　　　　　　).

(3) (私の　　　　　　　) zapatos son aquellos. ¿Cuáles son los (君の　　　　　　)?

(4) (この　　　　　　　) moto es (彼の　　　　　　) y (あれ　　　　　　) es (私の　　　　　　).

**2** estar を適切な形にしよう。

(1) (yo　　　　　　) en el hospital.

(2) Madrid (　　　　　　) en el centro de España.

(3) ¿Dónde (　　　　　　) tus hijos? —(　　　　　　) en casa.

(4) Los taxis (　　　　　　) en la parada.

**3** （ ）内に hay または estar を適切な形にして書こう。

(1) En esta clase (　　　　　　) tres alumnas.

(2) ¿Dónde (　　　　　　) el cine?—Allí, al lado del banco.

(3) ¿Dónde (　　　　　　) un bar? —Hay uno cerca.

(4) Tus padres (　　　　　　) en casa, ¿verdad?

(5) La panadería (　　　　　　) en la planta baja.

**4** （ ）内に序数詞を適切な形にして書こう。

(1) El examen del (1er　　　　　　) semestre es mañana.

(2) La librería está en la (3ª　　　　　　) planta.

(3) La oficina de mi padre está en el (4°　　　　　　) piso.

(4) El (5°　　　　　　) ejercicio es difícil.

**5** （ ）内に適切な不定語あるいは否定語を書こう。

(1) Hay (　　　　　　) ahí. ¿Qué es eso?

(2) No hay (　　　　　　) en la oficina. Ya es tarde.

(3) No hay casi (　　　　　　) de tiempo.

(4) Hay (　　　　　　) en el pasillo. ¿Quién es?

Cajero automático

例文の太字部分に指定の語を当てはめて、全文を書きかえよう。

36

**1**

A: ¿Hay algo **aquí**?
B: No, no hay nada.
A: ¿Hay algo **ahí**?
B: Sí, hay **unos cuadernos azules**.

aquí    ahí    allí

**Colores**
azul, amarillo/a, rojo/a, naranja,
verde, marrón, gris, rosa,
morado/a, negro/a, blanco/a

(1) aquí, allí, carpetas rojas

A: ¿(          ) (          ) (          )?
B: No, (      ) (      ) (      ).
A: ¿(          ) (          ) (          )?
B: Sí, (          ) carpetas rojas.

(2) ahí, allí, un par de lápices amarillos

aquel edificio

37

**2**

A: ¿Hay alguien **en este edificio**?
B: No, no hay nadie en este edificio.
A: ¿Hay alguien **en ese edificio**?
B: Sí, hay **una niña**.

ese edificio

este edificio

(1) en esta habitación, en aquella habitación, unos hombres

A: ¿(          ) (          ) en (          ) habitación?
B: No, (          ) (          ) (          ) en (          ) habitación.
A: ¿(          ) (          ) en (          ) habitación?
B: Sí, (          ) (          ) hombres.

(2) en esta casa, en esa casa, dos ancianos

38

**3**

A: ¿Cuántos **bolígrafos** hay en **tu mesa**?
B: Hay **cuatro** bolígrafos.
A: ¿De quién son los bolígrafos?
B: Son de **mis amigos**.

(1) libros de texto, la estantería, tres, mis compañeros

A: ¿(          ) (          ) de texto (          ) en (      ) (          )?
B: (          ) (          ) libros de texto.
A: ¿(        ) (          ) (          ) los (          ) de texto?
B: (        ) de (        ) (          ).

(2) peluches, tu cama, cinco, mis hermanos

**4**

A: ¿Qué hay en la casa de **tus abuelos**?

B: En su casa hay <u>un</u> sofá muy grande

A: ¿Dónde está <u>el</u> sofá?

B: El sofá está en **el salón**.

 ¡OJO!   un → el

(1) Juan, una lámpara muy bonita, el dormitorio

A: ¿(          ) (          ) en la (          ) de Juan?

B: En (       ) (        ) (          ) (            ) lámpara muy bonita.

A: ¿(           ) (         ) (         ) lámpara?

B: (       ) lámpara (          ) en el dormitorio.

(2) Luz, cuadros grandes, el pasillo

**5**

A: El cumpleaños de **Lucía** es el **7 de julio**. ¿Cuándo es el cumpleaños de **Juan Carlos**?

B: El cumpleaños de Juan Carlos es el **25 de octubre**.

(1) Alberto, 10 de abril, Daniela, 1 de diciembre

A: El (           ) de Alberto (      ) (      ) (       ) (       ) (          ).

¿(          ) (        ) el cumpleaños de Daniela?

B: El (           ) de Daniela (      ) (      ) (      ) (       ) (          ).

(2) José, 15 de mayo, Diana, 6 de julio

⊙ 問いに答えよう。

¿Cuándo es tu cumpleaños?  Ej.) Mi cumpleaños es...

¿Cuándo es el cumpleaños de tu compañero/a?

Ej.) El cumpleaños de mi compañero/a es...

🔊 **6**

A: ¿**Es fácil hacer un barco de** *origami*?

B: **Sí**, pero <u>hay que</u> **tener concentración**.

hay que ＋不定詞：～しなければならない

(1) difícil, bailar flamenco, No, practicar mucho

A: ¿(          ) (           ) (            ) flamenco?

B: No, pero (        ) (          ) (            ) mucho.

(2) bueno, hacer ejercicios diariamente, Sí, tener unos días de descanso

23

# DIÁLOGO

42

A: Oiga, ¿hay una **biblioteca** en el barrio X?

B: No, no hay.

A: Entonces, ¿hay un **bar**?

B: Sí, hay uno.

A: ¿Dónde está el bar?

B: Está en la calle Fresa, cerca de la universidad.

A: Vale, ¡gracias!

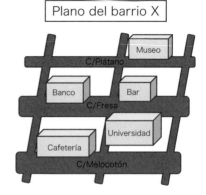

Plano del barrio X

**❶** ¡A practicar! DIÁLOGO の太字に指定の語を当てはめて会話しよう。

(1) supermercado, cafetería

(2) gasolinera, museo

quiosco
monasterio
carnicería
pescadería
zapatería

43

**❷** ¡A escuchar!　音声を聞き、図の中の人物の名前を書きいれよう。

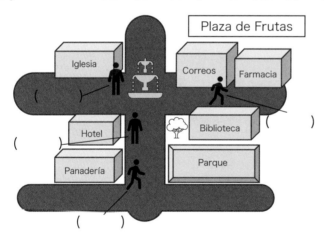

Plaza de Frutas

cerca de ⇔ lejos de
a la derecha de
　　　⇔ a la izquierda de
enfrente/delante de
　　　　⇔ detrás de
encima de ⇔ debajo de
al lado de
junto a
entre A y B

44

**❸** ¡A escuchar!　音声を聞き、それぞれの文が指す動物を選ぼう。

(1)

(2)

(3)

(4)

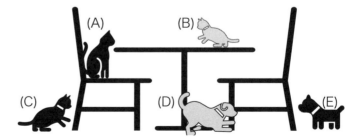

## UN POQUITO MÁS

45

España está en el suroeste de Europa, en la Península Ibérica. Hay diecisiete comunidades autónomas. La capital **es** Madrid. Madrid está en el centro del país. Barcelona está en el noreste del país. Granada está en el sur, Bilbao está en el norte y Santiago de Compostela está en el noroeste del país. Hay unos 47 <u>millones</u> de habitantes.

un millón: 100 万

**1** Contesta a las preguntas con los verbos. 動詞を用いて質問に答えよう。

(1) ¿Dónde está España?

(2) ¿Cuántas comunidades autónomas hay en España?

(3) ¿Cuál es la capital de España?

(4) ¿Dónde está Madrid?

(5) ¿Cuántos habitantes hay en España?

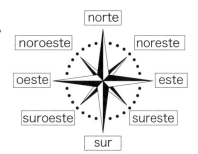

**2** ¡A escuchar! 音声を聞き、空欄を埋めよう。 **1** を参考に日本についての疑問文と応答文を作ろう。
46

Japón (①　　　) en el noreste de Asia, (②　　　) el Océano Pacífico Norte y el Mar del Japón. (③　　　) (④　　　) prefecturas. La (⑤　　　　) es Tokio. Tokio (⑥　　) en el este. Osaka (⑦　　　) en el oeste, Hokkaido (⑧　　　) en el (⑨　　　) y Okinawa (⑩　　　) en el (⑪　　　) del país. (⑫　　　) unos 125 millones de habitantes.

(1) ¿ _____ ?

_____

(2) ¿ _____ ?

_____

(3) ¿ _____ ?

_____

(4) ¿ _____ ?

_____

(5) ¿ _____ ?

_____

# Lección 3

 **Gramática**

 **1. 直説法現在　規則活用** Presente de indicativo de los verbos regulares

47 1) 活用

| hablar | | beber | | vivir | |
|--------|--------|--------|--------|--------|--------|
| hablo | hablamos | bebo | bebemos | vivo | vivimos |
| hablas | habláis | bebes | bebéis | vives | vivís |
| habla | hablan | bebe | beben | vive | viven |

| tomar, | visitar, | comprar | comer, | leer, | vender | escribir, | asistir, | abrir |
|---|---|---|---|---|---|---|---|---|

tomar,   visitar,   comprar　comer,   leer,   vender　escribir,   asistir,   abrir

llegar,   estudiar, esperar　aprender, coger (cojo)　partir,   recibir,   subir

trabajar, llamar,   viajar　creer,   comprender　existir,   cumplir, decidir

pasar,   dejar,   quedar　deber,   responder　compartir, permitir

2) 用法

① 発話時における行為や状態、習慣

　Mi padre **trabaja** en un banco.　　**Cogemos** el tren todas las mañanas.

② 確実な未来の行為

　Mañana **partimos** para España.　　**Visito** Barcelona la próxima semana.

③ 普遍的・一般的真理

　La Tierra **gira** alrededor del Sol.

 直接目的語（「〜を」）特定の人の場合、前置詞 a が必要
間接目的語（「〜に」）人、事物にかかわらず a が必要

 **2. 目的語と前置詞 a**

48 Visito (×) Barcelona.　　　　　　　Visito **a** <u>mi abuela</u>.

Preguntamos mucho <u>**al** profesor</u>. (a + el)　　Regalamos <u>una corbata</u> **a** <u>nuestro padre</u>.

**3. 直説法現在　不規則活用 (1)** Presente de indicativo de los verbos irregulares (1)

49 １人称単数形のみ不規則活用の動詞

| ver | | dar | | saber | | hacer | | conocer | |
|--------|--------|--------|--------|--------|--------|--------|--------|--------|--------|
| **veo** | vemos | **doy** | damos | **sé** | sabemos | **hago** | hacemos | **conozco** | conocemos |
| ves | veis | das | dais | sabes | sabéis | haces | hacéis | conoces | conocéis |
| ve | ven | da | dan | sabe | saben | hace | hacen | conoce | conocen |

salir (salgo),　　conducir (conduzco)

poner (pongo)

**¿Sabes** algo sobre la economía europea? —No, no **sé** nada.（知識、情報）

Mi madre no **sabe** conducir.（技能）

**Conocemos** Argentina.（体験、経験）

No **conozco** a nadie en esta ciudad.

**4. 接続詞** Conjunciones

50

| | | | |
|---|---|---|---|
| y (e) | Laura **y** Paz son amigas. | i-, hi- の前 | Hablamos español **e** inglés. |
| o (u) | ¿Estudias **o** trabajas? | o-, ho- の前 | Emilio habla alemán **u** holandés. |

pero　Mi habitación es pequeña, **pero** cómoda.

porque　¿Por qué estudias Matemáticas? —**Porque** soy de la Facultad de Ciencias.

es que　¿Por qué no llegas a tiempo? —**Es que** hay mucho tráfico hoy.

como　**Como** Luis es de la Facultad de Letras, estudia Literatura Italiana.

por eso　Llego tarde, **por eso** tomo un autobús a la estación.

así que　Estoy resfriado, **así que** no salgo de casa.

que　Creo **que** Roberto es una persona sincera.

cuando　**Cuando** estamos juntos, hablamos mucho.

 接続詞の que は従属節を導き、複文を作る
Sabemos **que** están ocupados hoy.
主節　　　　　　従属節

**5. 不定語・否定語（形容詞、代名詞）** Indefinidos y negativos (2)

51

| | 不定語 (alguno) | | 否定語 (ninguno) | |
|---|---|---|---|---|
| | 形容詞 | 代名詞 | 形容詞 | 代名詞 |
| 事物 | **algún** libro | alguno | **ningún** libro | ninguno |
| 人 | **alguna** tienda | alguna | **ninguna** tienda | ninguna |
| | **algunos** estudiantes | algunos | | |
| | **algunas** chicas | algunas | | |

¿Conoces a **algún** estudiante español?

　　　　—No, no conozco a **ninguno** (ningún estudiante).

En la biblioteca hay **algunas** novelas de Murakami, ¿verdad? —No, no hay **ninguna**.

¿**Alguno** de ellos sabe francés? —No, **ninguno**.

**6. 日付・時刻表現** Expresiones de la fecha y de las horas

52

1) 日付

¿A cuántos estamos hoy? —Estamos a 15 de mayo.

**El** 23 de junio salgo de España.

 副詞的に用いる場合は定冠詞をつける

2) 時刻表現

¿Qué hora es?

—Es la una. / Son las cuatro y cuarto. / Son las seis y media. / Son las doce menos veinte.

¿A qué hora desayunas normalmente? —Desayuno **a** las siete.

 副詞的に用いる場合は前置詞 a をつける

# Repaso

**1** 動詞を活用させよう。

¡OJO!
国籍を表す名詞
の男性単数形は
言語名も表す

(1) ¿Qué (estudiar: tú                    )? —(                    ) inglés y español.

(2) Luis (leer              ) cómics todas las noches.

(3) Ellos (bailar             ) y (cantar              ) bien.

(4) ¿Dónde (vivir: vosotros              )? —(              ) en Kioto.

**2** ( ) 内の動詞を適切な形にし、直接目的語には下線、間接目的語には波線を引こう。

(1) El profesor Sánchez (enseñar              ) español a sus alumnos.

(2) El dependiente (vender              ) ropa a los clientes.

(3) ¿(preparar: tú              ) la cena a tu hermano menor?

**3** 動詞を活用させよう。

(1) (ver: yo             ) a Adrián en la estación.

(2) El tren (salir             ) de la estación pronto.

(3) ¿Dónde (poner: yo              ) el vaso?

(4) Eduardo (conocer              ) a mi esposo.

**4** 適切な接続詞を書こう。

(1) Tú (~と       ) yo somos amigos.

(2) ¿Por qué estudias español? —(なぜなら       ) mi tío trabaja en Perú.

(3) No conozco esta película, (しかし       ) sé que es muy interesante.

(4) (~の時       ) llego tarde, el profesor siempre está enfadado.

**5** ( ) には不定語・否定語の形容詞を、[       ] には代名詞を書こう。

(1) ¿Conocéis a (       ) abogado bueno? —No, no conozco a [       ].

(2) ¿[       ] de ellas habla coreano? —No, no habla [       ].

**6** スペイン語にしよう。

(1) 何時ですか？ —4 時半です。

(2) 今日は何月何日ですか？ —7 月 1 日です。

(3) 君たちは普段何時に昼食をとりますか？ —12 時 45 分に昼食をとります。

## Ejercicios gramaticales

**1** 動詞を活用させよう。

(1) (viajar: yo        ) por México este verano.

(2) Ella (escuchar      ) música en el tren.

(3) Miguel siempre (llegar      ) tarde a clase.

(4) Los bancos no (abrir      ) los domingos.

(5) ¿Qué (tomar: tú     )? —(      ) un café.

(6) ¿(beber    ) usted mucho? —No. Nunca (     ).

**2** ( ) 内の動詞を適切な形にし、[ ] に必要であれば a を、なければ × を書こう。

(1) Mi padre (recoger    ) [   ] mi madre en coche.

(2) (prestar: yo    ) [   ] mi moto [   ] Regina.

(3) ¿(buscar: tú    ) [   ] tu papá? —No. (   ) [   ] mi mamá.

(4) ¿(llevar: yo    ) [   ] la abuela al hospital?

¡OJO!

a ＋到達点

**3** 動詞を活用させよう。

(1) ¿Qué (hacer: vosotros     ) después de la clase?

   —(     ) los deberes en la biblioteca.

(2) ¿(saber: tú    ) nadar?

   —No, no (yo    ) nadar, pero Eva nada muy bien.

(3) ¿(conocer: usted    ) a Pepe?

   —No, pero (saber: yo    ) que es hermano de Nacho.

(4) (dar: yo    ) una bufanda a Elena para su cumpleaños.

**4** ( ) の動詞を活用させ、[ ] に適切な接続詞を書こう。

(1) (comprar: yo    ) manzanas, [   ] (ser    ) buenas para la salud.

(2) Ella (ser    ) amable [    ] inteligente.

(3) (ser    ) una película larga [    ] muy entretenida.

(4) (necesitar: nosotros    ) dos [    ] tres jugadores como mínimo.

**5** ( ) に適切な不定語・否定語を書こう。

(1) ¿Hay (    ) diferencia entre esa pintura y aquella?

(2) ¿Practicas (    ) deporte?

(3) (    ) de las tiendas están abiertas.

(4) Necesito un taxi. ¿Ve usted (    )?

## EXPRESIONES

例文の太字部分に指定の語を当てはめて、全文を書きかえよう。

**1** 🎧 53

A: ¿Qué estudia **Lola**?

B: Estudia **Lingüística**.

A: ¿Dónde estudia?

B: Estudia en **la Universidad de Sevilla**.

> **Asignaturas**
> Historia. Sociología. Psicología. Informática. Economía.
> Derecho. Turismo. Literatura. Filosofía. Antropología.
> Arqueología. Química. Física

(1) Sergio, Matemáticas, la Universidad Nacional Autónoma de México

A: ¿(　　　) (　　　　　　) Sergio?

B: (　　　　　) Matemáticas.

A: ¿(　　　) (　　　　　)?

B: (　　　　) (　　　　) la Universidad Nacional Autónoma de (　　　　).

(2) Lucía, Periodismo, una universidad privada de Madrid

**2** 🎧 54

A: ¿Qué idiomas habla **Camilo**?

B: Habla **español e inglés**. Además, ahora estudia **alemán u holandés**.

(1) Hugo, español y francés, japonés o coreano

A: ¿(　　　) (　　　　) (　　　　) Hugo?

B: (　　　) (　　　　) (　　　) (　　　　).

Además, ahora (　　　　) (　　　　) (　　　) (　　　　).

(2) Martina, español e italiano, inglés o alemán

**3** 🎧 55

A: ¿Qué días de la semana **come Carlos fuera de casa**?

B: Come fuera de casa **casi todos los días, de lunes a viernes**.

(1) desayunar, Carla, en una cafetería, los domingos

A: ¿(　　　) (　　　) de la (　　　　) (　　　　　) Carla en una (　　　　)?

B: (　　　　) (　　　) (　　　　) cafetería (　　　) (　　　　).

(2) cenar, Ana, en la casa de sus padres, los fines de semana

**4** 🎧 56

A: ¿Con qué frecuencia **limpia Julia su habitación**?

B: Limpia su habitación **dos días a la semana**.

(1) lavar, Miguel, los platos, a veces

    A: ¿(     ) (        ) frecuencia (      ) Miguel los (     )?

    B: (     ) los (      ) (    ) (      ).

(2) cocinar, Sara, muy a menudo

**5** 🎧 57

A: ¿Con quién **habla Julia?**

B: Habla con **uno de sus colegas.**

| Frecuencia |
|---|
| siempre |
| casi siempre |
| normalmente / |
| frecuentemente |
| muchas veces / a menudo |
| de vez en cuando / a veces |
| un par de veces / algunas veces |
| no...casi nunca / pocas veces |
| no...nunca |

(1) ver la tele, Josefina, su hermano

    A: ¿(   ) (     ) (    ) la tele Josefina?

    B: (    ) la tele (   ) (   ) (    ).

(2) salir, Natalia, un actor muy famoso

**6** 🎧 58

A: ¿A quién **regala Jaime el anillo?**

B: Regala el anillo a **su novia.**

(1) escribir, Laura, uno de sus alumnos

    A: ¿(     ) (      ) (        ) Laura?

    B: (      ) (     ) (     ) de (     ) (      ).

(2) llamar por teléfono, Alba, su marido

**7** 🎧 59

A: ¿A cuántos estamos hoy?

B: Estamos a **7 de mayo.** ¿Qué día de la semana es?

A: Es **lunes.**

(1) 10/6, miércoles

    A: ¿(     ) (       ) (      ) (    )?

    B: (     ) (   ) 10 (   ) (    ). ¿(   ) (   ) de la (    ) es?

    A: (  ) (    ).

(2) 5/8, viernes

**8** 🎧 60

A: ¿Sabes **cocinar algún plato mexicano?**

B: No, no sé cocinar ningún plato mexicano.

(1) cantar alguna canción en inglés

    A: ¿(     ) (      ) (      ) (      ) en (      )?

    B: No, (    ) (    ) (     ) (     ) (    ) en (    ) (    ).

(2) tocar algún instrumento musical

# DIÁLOGO

61

**Madre:** Hija, ¿estás ocupada esta tarde?

**Nuria:** Sí, esta tarde bailo salsa con mis amigas.

**Madre:** ¡Qué bien! ¿Qué ropa llevas para bailar?

**Nuria:** Llevo unos pantalones cortos y una camisa. Por cierto, ¿qué hora es?

**Madre:** Son las tres y media.

**Nuria:** Quedamos a las cuatro, así que queda media hora para la cita. ¡Debo salir ya!

---

deber 不定詞：～すべきである

---

Ropa

chaqueta, camiseta, cinturón, zapatos, falda, abrigo, jersey, vestido, bañador, gorro/a, zapatillas, traje, pijama, medias

---

**1** ¡A contestar!　DIÁLOGO を参考に答えよう。

(1) ¿Cómo está Nuria esta tarde?

(2) ¿Qué ropa lleva Nuria para bailar?

(3) ¿A qué hora queda Nuria con sus amigas?

**2** ¡A escuchar!　音声を聞いて、空欄を埋めよう。

62

Padre: Hijo, ¿estás (① 　　　　　　) esta tarde?

David: Sí, esta tarde (② 　　　　　　) el baloncesto (③ 　　　　　　) mis amigos.

Padre: ¿Qué ropa (④ 　　　　　　) para practicar?

David: (⑤ 　　　　　　) unos vaqueros y una (⑥ 　　　　　　). Bueno, ¿qué (⑦ 　　　　　　) es?

Padre: Son las (⑧ 　　　　　　) (⑨ 　　　　　　) diez.

David: Quedamos a las (⑩ 　　　　　　), así que quedan (⑪ 　　　　　　) minutos para la cita. ¡Debo (⑫ 　　　　　　) ya!

---

Es la una en punto

Son las dos y cinco

> de la mañana, de la tarde, de la noche

32

## UN POQUITO MÁS

63

Yo vivo solo en un barrio cerca del centro. Es un barrio bastante ruidoso porque hay muchos restaurantes y tiendas. A unos cinco minutos a pie de mi piso hay una parada de autobús. Siempre cojo el autobús en esta parada para ir a la universidad. Los fines de semana doy un paseo por el centro después de desayunar en un bar.

Pablo

**1** Contesta a las preguntas con los verbos. 動詞を用いて質問に答えよう。

(1) ¿Pablo vive con sus padres?

(2) ¿Dónde vive Pablo?

(3) ¿Cómo es el barrio de Pablo?

(4) ¿Dónde está la parada de autobús que usa Pablo?

(5) ¿Para qué coge Pablo el autobús?

que usa Pablo: パブロが使う

(6) ¿Por dónde pasea Pablo?

(7) ¿Cuándo pasea Pablo?

64

**2** ¡A escuchar! 次の文章を読んだ後、音声による質問を聞きとり、答えよう。

Josefa: Yo vivo con mis padres en un barrio en las afueras de la ciudad. Es un barrio muy tranquilo y hay varios parques. Hay uno muy espacioso con un estanque delante de mi casa. Cerca del parque hay una estación de tren. En esta estación cojo el tren para ir al trabajo todos los días. Hay una oficina de Correos y un supermercado a diez minutos caminando de mi casa. Cada sábado por la tarde mis padres y yo hacemos la compra en este supermercado y antes de volver a casa, tomamos café en una cafetería que hay en el camino.

caminando: a pie
que hay en el camino: 途中にある

(1) ¿_____ ? _____ .

(2) ¿_____ ? _____ .

(3) ¿_____ ? _____ .

(4) ¿_____ ? _____ .

(5) ¿_____ ? _____ .

(6) ¿_____ ? _____ .

(7) ¿_____ ? _____ .

# Lección 4

## Gramática

**1. 直説法現在　不規則活用 (2)** Presente de indicativo de los verbos irregulares (2)

65

語幹母音変化動詞

**e → ie**　　同類：cerrar, empezar, entender, encender, pensar, preferir, sentir, perder

| querer | |
|---|---|
| quiero | queremos |
| quieres | queréis |
| quiere | quieren |

**Pienso** que no **entiende** nada.

Al salir de casa, **cerramos** las ventanas.

**Quiero ir** de compras al centro comercial. (querer ＋不定詞)

**Empiezo a** trabajar a las dos de la tarde. (empezar a ＋不定詞)

**o → ue**　　同類：contar, costar, dormir, encontrar, morir, poder, recordar, soler

| volver | |
|---|---|
| vuelvo | volvemos |
| vuelves | volvéis |
| vuelve | vuelven |

No **recordamos** el nombre de aquel señor.

Esta chaqueta **cuesta** 65 euros.

¿**Puedo** entrar? (poder ＋不定詞)

¿**Puedes** abrir la puerta?

**→Apéndice** muy, mucho, -mente

**e → i**　　同類：elegir, pedir, repetir, servir

| seguir | |
|---|---|
| sigo | seguimos |
| sigues | seguís |
| sigue | siguen |

**Seguimos** al guía en la montaña.

¿Para qué **sirve** esto?

El niño **repite** las palabras.

**u → ue**

| jugar | |
|---|---|
| juego | jugamos |
| juegas | jugáis |
| juega | juegan |

**Juegan** al tenis muy bien.

**2. 直説法現在　不規則活用 (3)** Presente de indicativo de los verbos irregulares (3)

66

| oír | | decir | | tener | | venir | | ir | |
|---|---|---|---|---|---|---|---|---|---|
| oigo | oímos | digo | decimos | tengo | tenemos | vengo | venimos | voy | vamos |
| oyes | oís | dices | decís | tienes | tenéis | vienes | venís | vas | vais |
| oye | oyen | dice | dicen | tiene | tienen | viene | vienen | va | van |

La profesora **dice** que hay un examen mañana.

**Viene** a mi casa en coche.

**Tengo** diecinueve años.

Roberto **tiene** los ojos azules y el pelo rizado.

Mi madre **tiene** dolor de cabeza.

**Tiene que** ir al médico. (tener que ＋不定詞　義務)

(deber ＋不定詞 Nosotros los estudiantes siempre **debemos** llevar un diccionario.)

**Voy a** llamar a Adrián esta noche. (ir a ＋不定詞)　　　　**Vamos a** leer juntos.

**3. 目的格人称代名詞** Pronombres personales objeto

1) 直接目的格人称代名詞

| me | 私を | nos | 私たちを |
|---|---|---|---|
| te | 君を | os | 君たちを |
| lo / la | 彼を、彼女を、あなたを<br>それを<br>そのことを（中性形） | los / las | 彼らを、彼女らを、あなたがたを<br>それらを |

2) 間接目的格人称代名詞

| me 私に | nos 私たちに |
|---|---|
| te 君に | os 君たちに |
| le 彼に、彼女に、あなたに | les 彼らに、彼女らに、あなたがたに |

① 活用する動詞の前に置く

¿**Me** oyes? —No, no **te** oigo bien.

¿Esperáis a Elena y Manuel? —No, no **los** esperamos.

¿Sabes que mañana va a llover? —Sí, **lo** sé.

**Te** envío el regalo de cumpleaños por correo.

Mi madre **nos** deja el coche.

El profesor López **les** enseña español **a los estudiantes**.

 3人称が誰であるかを明らかにする場合、「a＋(代)名詞」で示す

② 2つの目的格人称代名詞が並ぶ場合、「間接＋直接」の順にする

**Te lo** envío.

Mi madre **nos lo** deja.

③ 2つの目的格人称代名詞がどちらも3人称の場合、le / les を se にする

Regalo una corbata a mi padre. → **Se la** regalo.

¿**Le** llevas los guantes a Marcos? —Sí, **se los** llevo.

¡OJO! 不定詞がある場合
Tienes que hacer**lo** en seguida.
**Lo** tienes que hacer en seguida.

Puedo decír**selo**（アクセント記号に注意）
**Se lo** puedo decir.

## Repaso

**1** 動詞を活用させよう。

(1) (querer: yo　　　　　) volver a casa temprano,

　　　porque el partido (empezar　　　　　) a las siete.

(2) No (poder: nosotros　　　　　) entender todo esto.

(3) Los niños (jugar　　　　　) al fútbol en el parque.

(4) Rocío siempre (dormir　　　　　) en clase y no (entender　　　　　) nada de

　　este tema.

**2** 動詞を活用させよう。

(1) No (tener: él　　　　　) tiempo para ver películas.

(2) Siempre (oír: yo　　　　　) el ruido por aquí.

(3) ¿De dónde (venir: vosotros　　　　　)? —(　　　　　) de Salamanca.

(4) (ir: yo　　　　　) a la universidad en autobús.

**3** 適切な直接目的格人称代名詞を書こう。

(1) ¿(私を　　　　) esperas aquí? —Sí, (君を　　　　) espero.

(2) No (そのことを　　　　) entendemos nada.

(3) (君たちを　　　　) llamo después de la cena.

(4) No (彼女たちを　　　　) veo en clase.

**4** 適切な間接目的格人称代名詞を書こう。

(1) Romano (あなたに　　　　) escribe.

(2) Mi padre no (私に　　　　) deja su moto.

(3) Preparo un documento para la reunión de mañana. (君に　　　　)lo envío después.

(4) Aquí tengo unas galletas para tus perros. ¿(彼らに　　　　)las das ahora?

Desayuno típico español

## Ejercicios gramaticales

**1** 動詞を活用させよう。

(1) En España muchas tiendas (cerrar          ) a la hora de siesta.

(2) ¿Cuándo (empezar          ) el curso de japonés?

　　—(empezar          ) en septiembre.

(3) (querer: yo          ) algo de comer.

(4) El móvil (servir          ) mucho para buscar información.

(5) ¿Qué (preferir: tú          ), vino tinto o vino blanco?

(6) Lo (sentir: yo          ), pero no (poder          ) ir con vosotros.

(7) Daniel (pensar          ) trabajar en una agencia de viajes.

(8) No (entender: vosotros          ) bien la importancia de resolver este problema.

(9) ¿Te (servir: yo          ) un poco más? —Sí, por favor.

(10) María y Gloria (jugar          ) al baloncesto los fines de semana.

(11) ¿Cuánto (costar          ) estos pendientes? —(costar          ) quince euros.

(12) ¿Dónde (poder: yo          ) comprar el billete de ida y vuelta?

**2** 動詞を活用させよう。

(1) ¿(tener: tú          ) hermanos? —No, no (          ).

(2) Los niños no (oír          ) a sus padres.

(3) Ese niño siempre (decir          ) mentiras.

(4) ¿A qué hora (venir: tú          ) a mi casa? —(venir          ) a la una.

(5) ¿Adónde (ir: nosotros          )?

　　—(          ) al supermercado. (tener          ) que comprar huevos y patatas.

(6) ¿Qué (decir          ) tu madre?

　　—(          ) que (venir          ) a mi piso mañana.

(7) (ir: yo          ) a ver la última película de Alejandro Amenábar.

**3** 下線部を直接目的格人称代名詞、波線部を間接目的格人称代名詞にして、文を書きかえよう。

(1) Mi abuelo lee novelas antes de cenar. →

(2) El profesor habla en español a los estudiantes. →

(3) Miguel nos deja su ordenador. →

(4) Os enseño matemáticas dos veces a la semana. →

(5) Cada año mi padre regala un ramo de flores a mi madre. →

(6) Quiero tomar un chocolate para el desayuno. →

## EXPRESIONES

例文の太字部分に指定の語を当てはめて、全文を書きかえよう。

**1** 🎧 68

> A: **Diego** tiene 18 años. ¿Cuántos años tiene **Claudia**?
> B: Tiene **20** años.

(1) el padre de Diego, 50, su madre, 48

    A: El (       ) de Diego (       ) 50 (       ). ¿(       ) (       )

       (       ) su (       )?

    B: (       ) 48 (       ).

(2) su abuelo, 73, su abuela, 76

**2** 🎧 69

> A: ¿Puedes **abrir la ventana**? Es que tengo mucho **calor**.
> B: Claro. La abro en seguida.

(1) cerrar la puerta, frío

    A: ¿(       ) (       ) la (       )? Es (       ) (       ) (       )

       (       ).

    B: (       ). (       ) (       ) (       ) seguida.

(2) encender la luz, miedo

**3** 🎧 70

> A: Tengo **dolor de cabeza**. Creo que tengo **fiebre**.
> B: ¿Por qué no **vuelves a casa y descansas**?

(1) escalofríos, gripe, ir al médico

    A: (       ) (       ) (       ) que (       ) (       ).

    B: ¿(       ) (       ) (       ) (       ) al (       )?

(2) picor en los ojos, alergia, ir al oculista

| | |
|---|---|
| tener + | dolor de garganta / estómago |
| | tos / mocos / diarrea / ganas de vomitar / náuseas |
| | sueño / sed / hambre |
| | cuidado / paciencia / suerte / prisa / miedo |

38

**4** A: ¿Sabes **conducir**?

B: Sí, pero ahora no puedo conducir porque <u>acabo de tomar</u> alcohol.

(1) nadar, tengo fiebre

> acabar de 不定詞：～したところである

A: ¿( ) ( )?

B: Sí, ( ) ahora no ( ) ( ) ( ) ( ) fiebre.

(2) coser, no tengo <u>ni aguja ni hilo</u>

> ni...ni...: ～も～も…ない

**5** A: ¿Qué sueles hacer los fines de semana?

B: Suelo **ir de compras con mis padres**.

A: ¿Qué planes tienes para este fin de semana?

B: Pues, pienso **estudiar en casa** porque **pronto tengo examen**.

(1) ir al cine o al teatro con mi novia, ir a un museo, haber una exposición interesante

A: ¿( ) ( ) ( ) los ( ) de ( )?

B: ( ) ( ) al ( ) o al ( ) con ( ) ( ).

A: ¿( ) planes ( ) para ( ) ( ) de ( )?

B: Pues, ( ) ( ) a ( ) museo porque ( ) una

exposición ( ).

(2) limpiar la casa, no hacer nada, estar cansado y necesitar descansar

**6** A: ¿Me **dejas un boli**?

B: Sí, ¿para qué lo quieres?

A: Para **rellenar el formulario**.

B: Vale, te lo dejo aquí.

(1) dejar tu móvil, llamar a casa

A: ¿( ) ( ) tu ( )?

B: Sí, ¿( ) ( ) ( ) ( )?

A: ( ) ( ) a ( ).

B: Vale, ( ) ( ) ( ) aquí.

(2) prestar tu diccionario, traducir una canción extranjera

Control de pasaportes

# DIÁLOGO

74

(En un bar)

**Camarera:** Buenos días. ¿Qué desean?

**Valeria:** Yo, un bocadillo de jamón.

**Ángel:** Para mí, una ración de tortilla española.

**Camarera:** ¿Y, para beber?

**Valeria:** Un café con leche.

**Ángel:** Yo, un zumo de naranja.

**Camarera:** Muy bien. Ahora mismo.

propina
vuelta

**1** ¡A contestar! 質問に答えよう。

(1) ¿Qué pide Valeria?

(2) ¿Quién pide un zumo de naranja?

**2** ¡A escuchar! 二人の人物が会話をしています。音声を聞き、問いに答えよう。
75
(1) Ana quiere tomar _____

(2) Mario quiere comer _____

(3) Emma quiere tomar _____

(4) José quiere pedir _____

bocadillo

chocolate con churros

tortilla

pulpo a la gallega

ensalada rusa

## UN POQUITO MÁS

76
(En un restaurante)

Camarero: Buenas noches. ¿Tiene usted una reserva?

Miguel: Sí, tengo una reserva a nombre de Miguel Fernández.

Camarero: ¡Perfecto! Voy a comprobarlo. Por aquí, por favor.

Camarero: Aquí tiene el menú. ¿Qué van a tomar?

Miguel: De primero, ensalada mixta.

Irene: Para mí, sopa castellana.

Camarero: ¿Y, de segundo?

Miguel: Filete de ternera con patatas.

Irene: Yo, albóndigas.

Camarero: ¿Qué desean para beber?

Irene: Vino tinto para dos, por favor.

Camarero: Muy bien. ¿Van a tomar postre?

Miguel: Sí. ¿Me trae natillas?

Irene: Yo voy a tomar arroz con leche.

Camarero: Muy bien, ahora mismo.

Miguel: ¿Nos trae la cuenta, por favor?

Camarero: ¿Va a pagar en efectivo o con tarjeta?

Miguel: En efectivo.

Camarero: Son 68. 50 euros.

Miguel: Aquí tiene. Muchas gracias.

Camarero: Gracias a ustedes. ¡Hasta luego!

> 68 con 50 (euros)
> 68 euros con 50 (céntimos)

### MENÚ DEL DÍA
DE PRIMER PLATO...
· Ensalada mixta
· Tortilla de patatas
· Paella mixta
· Sopa castellana
### DE SEGUNDO PLATO...
· Pollo asado con patatas fritas
· Filete de ternera con patatas
· Bacalao al horno
· Merluza a la plancha
· Albóndigas
### DE POSTRE...
· Tarta de chocolate  · Helado
· Natillas   · Arroz con leche
· Fruta del tiempo · Flan casero
· Torrijas

26. 50 €

IVA INCLUIDO

### BEBIDA
Vino tinto o blanco
Cerveza
Refresco
Café (solo / cortado)
Té
Agua mineral

**1** Contesta a las preguntas con los verbos. 動詞
を用いて質問に答えよう。

(1) ¿Qué quiere tomar Miguel de primero?

(2) ¿Qué quiere tomar Miguel de segundo?

(3) ¿Qué quiere beber Miguel?

(4) ¿Qué quiere tomar Miguel de postre?

(5) ¿Cómo quiere pagar Miguel?

**2** Irene について、**1** (1) ～ (4) と同様に質問文と応答文をつくろう。

# Lección 5

## Gramática

77

### 1. 前置詞格人称代名詞 Pronombres personales con preposiciones

前置詞（a, con, de, en, para, por, sin など）の後に置かれる人称代名詞

| mí | nosotros / nosotras |
|---|---|
| ti | vosotros / vosotras |
| él / ella / usted | ellos / ellas / ustedes |

**→Apéndice** 前置詞

Para **mí** es difícil entenderlo.

Tu madre está preocupada por **ti**.

El taxi para al lado de **ella**.

No confío en **ellos**. Son muy perezosos.

**¡OJO!**

con + mí → conmigo
　Ella no quiere hablar **conmigo**.
con + ti → contigo
　Estoy de acuerdo **contigo**.

78

### 2. gustar 型動詞 Verbos del tipo gustar

1) gustar

好きである人　　　　　　好きな対象

| Me | gusta | el español. |

間接目的格人称代名詞　　動詞　　　　主語

**¡OJO!**

意見の一致・不一致の表現
A: ○　B: ○　A mí también.
A: ○　B: ×　A mí no.
A: ×　B: ×　A mí tampoco.
A: ×　B: ○　A mí sí.

Nos **gustan** los dulces.

Les **gusta** mucho cocinar y comer.

A Susana le **gustan** los animales.

A mí no me **gustan** las verduras. (強調)

No me **gusta** nada la comida picante, ¿y a ti? —A mí sí. Me **gusta** mucho.

2) その他の gustar 型動詞

| encantar | Me **encanta** ver partidos de fútbol, pero a ella no. |
|---|---|
| doler | A mi abuela le **duelen** las piernas. |
| interesar | Me **interesa** el arte español, sobre todo los cuadros de Velázquez. |
| apetecer | Me **apetece** un café. |
| | No nos **apetece** estudiar hoy. |
| importar | ¿Le **importa** acompañarme al aeropuerto? —Claro que no. |
| molestar | Me **molestan** los mosquitos mientras duermo. |
| parecer | ¿Qué te **parece** esta chaqueta? —Me **parece** buena. |
| pasar | Me **pasa** algo horrible. |
| | ¿Qué te **pasa**? —Me **duele** la cabeza. |
| quedar | Ya me **queda** una semana para terminar el trabajo. |
| faltar | Me **faltan** 5 puntos para aprobar. |
| | A esta camisa le **falta** un botón. |

### 3. 間接疑問文 Interrogativos indirectos

79

1) 疑問詞のない疑問文

¿Va a llover mañana? → No sé **si** va a llover mañana.

¿Tienes tiempo? → Javier me pregunta **si** tengo tiempo.

2) 疑問詞のある疑問文

¿Sabes **dónde** está Luz? —No, no lo sé.

No entiendo **por qué** no viene a la fiesta.

### 4. 感嘆文 Exclamativos
→Apéndice その他の感嘆文

80

¡Qué ＋名詞・形容詞・副詞（＋動詞＋主語）!

| | |
|---|---|
| ¡**Qué** alegría! | Hace mucho calor. → ¡**Qué** calor hace! |
| ¡**Qué** bonito! | Estoy muy ocupado. → ¡**Qué** ocupado estoy! |
| ¡**Qué** bien! | Tocas la guitarra muy bien. → ¡**Qué** bien tocas la guitarra! |
| ¡**Qué** rápido! | El tiempo pasa muy rápido. → ¡**Qué** rápido pasa el tiempo! |

### 5. 数字 (200-100.000.000) Numerales cardinales (2)

81

| | | | |
|---|---|---|---|
| 200 doscientos | 600 seiscientos | 1000 mil | 10 000 diez mil |
| 300 trescientos | 700 setecientos | 1001 mil uno | 100 000 cien mil |
| 400 cuatrocientos | 800 ochocientos | 1500 mil quinientos | 1 000 000 un millón |
| 500 quinientos | 900 novecientos | 2000 dos mil | 10 000 000 diez millones |
| | | | 100 000 000 cien millones |

200-900 は女性名詞の前で -as　**quinientas** páginas　**setecientas** personas
mil は複数形にしない　**cuatro mil** novecientos yenes

Museo Nacional Centro de Arte Reina Sofía

Museos del Prado

## Repaso

**1** ( ) 内に適切な前置詞格人称代名詞を書こう。

(1) Esta carta es para (君　　　　　　　　).

(2) Mi perro siempre está al lado de (私　　　　　　　　).

(3) No quiero ir sin (彼女　　　　　　　　).

(4) ¿Puedes venir (私と一緒に　　　　　　　　)?

**2** 点線部に間接目的格人称代名詞を入れ、( ) 内の gustar 型動詞を適切な形にしよう。

(1) (私に　　　　　　) (gustar　　　　　　　) el fútbol.

(2) (君に　　　　　　) (gustar　　　　　　　) los deportes.

(3) (彼らに　　　　　　) (interesar　　　　　　　) ver películas españolas.

(4) ¿(君たちに　　　　　　) (doler　　　　　　　) la cabeza?

**3** 間接疑問文を完成させよう。

(1) 私たちは彼が来るかどうか知らない。　No sabemos (　　　) viene.

(2) 彼は私にいつセビージャに行くか尋ねる。　Me pregunta (　　　) voy a Sevilla.

(3) 彼らがどこにいるか知ってる?　¿Sabes (　　　) están?

**4** ( ) 内に適切な語を入れて、感嘆文にしよう。

(1) ¡(　　　　　) belleza!

(2) ¡(　　　　　) inteligente!

(3) ¡(　　　　　) rico está este plato!

(4) ¡(　　　　　) sucia está la calle!

**5** 数字をスペイン語にしよう。

(1) 250

(2) 587

(3) 1900

(4) 2040

Estadio Santiago Bernabéu

## Ejercicios gramaticales

**1** ( ) 内に適切な前置詞格人称代名詞を書こう。

(1) Ella no puede vivir sin (君　　　).

(2) Luz está sentada delante de (彼　　　).

(3) Preparo la habitación para (彼女　　　).

(4) Aurora quiere hablar (君と一緒に　　　).

**2** 点線部に間接目的格人称代名詞を入れ、( ) 内には gustar を適切な形にして書こう。

(1) ¿(A ti) _____ ( 　　　　　　　) la música clásica? —No, no _____ ( 　　　　　　　).

(2) (A usted) _____ ( 　　　　　　　) ir de compras.

(3) (A nosotros) _____ ( 　　　　　　　) los dramas españoles.

(4) A Margarita y Luis _____ ( 　　　　　　　) cenar en restaurantes italianos.

(5) (A mí) _____ ( 　　　　　　) pasear y sacar fotos.

(6) ¿A Fernando y a ti _____ ( 　　　　　) jugar al fútbol? —Sí, _____ ( 　　　) mucho.

**3** 点線部に間接目的格人称代名詞を入れ、( ) 内の gustar 型動詞を適切な形にしよう。

(1) ¿Dónde (a ti) _____ (doler 　　　　　　)? — _____ ( 　　　　　) las muelas.

(2) ¿Qué (a vosotros) _____ (parecer 　　　　　) las fotos?

— _____ ( 　　　　　) geniales.

(3) (A mí) _____ (molestar 　　　　) estos zapatos nuevos. Son un poco pequeños.

(4) (A nosotros) _____ (encantar 　　　　) dibujar.

(5) No (a mí) _____ (importar 　　　　) el precio, pero esto no _____

(gustar 　　　　　　).

(6) (A mí) _____ (apetecer 　　　　) mucho ir a bailar salsa.

(7) A Lucía y Eva _____ (interesar 　　　　) los mangas japoneses.

(8) La batería de este teléfono dura muy poco. —(A mí) _____ (pasar 　　　) igual.

**4** 間接疑問文を完成させよう。

(1) ¿Está abierto el bar ahora? → No sé ( 　　　　　) está abierto el bar ahora.

(2) ¿Por qué llora Cecilia? → No puedo decirte ( 　　　　　) llora Cecilia.

(3) ¿Quién es aquella chica? → No recordamos ( 　　　　　) es aquella chica.

(4) ¿Cuántos invitados vienen? → Mi madre quiere saber ( 　　　　　) invitados vienen.

**5** 数字をスペイン語にしよう。

(1) 10 000

(2) 25 000

(3) 130 000

(4) 799 999

(5) 3 200 000

(6) 48 000 000

## EXPRESIONES

例文の太字部分に指定の語を当てはめて、全文を書きかえよう。

82

**1**

A: ¿A **Marcos** le gusta **el fútbol**?

B: No, no le gusta nada.

A: Entonces, ¿qué **deporte** le gusta?

B: Le gusta mucho **el béisbol**.

el baloncesto
el vóleibol
la natación
el karate
el judo
el tenis

(1) Daniela, los perros, animal, los gatos

　　A: ¿(　　　　) Daniela (　　　) (　　　　　) (　　　　　) perros?

　　B: No, (　　　) (　　　) (　　　　　) (　　　　).

　　A: Entones, ¿(　　　　　) animal (　　　) (　　　　)?

　　B: (　　　) (　　　　　) mucho (　　　) (　　　　).

(2) Carmen, el sushi, plato japonés, la sopa de miso

(3) Juanito, las zanahorias, verdura, los pepinos

(4) tu novio, el jazz, música, el pop

(5) tus padres, las películas románticas,

　　películas, las películas de ciencia ficción

la cebolla
la lechuga
el tomate
la patata
el maíz
el pimiento

las películas de amor
　　　　aventura
　　　　terror
　　　　suspense

⊛ 問いに答えよう。

¿Qué deporte te gusta?

¿Qué plato japonés te gusta?

¿Qué verdura te gusta?

¿Qué música te gusta?

¿Qué películas te gustan?

83

**2**

A: ¿Qué te gusta hacer en tu tiempo libre?

B: Me gusta **leer libros, revistas o mangas de cualquier tema**.

A: ¿Qué te gusta hacer en tus vacaciones?

B: Me gusta **viajar y conocer nuevos lugares**.

(1) tocar el piano, ir de compras a grandes almacenes

　　A: ¿(　　　) (　　　) (　　　　) (　　　　　) en tu (　　　　) (　　　　)?

　　B: (　　　) (　　　　) (　　　) el piano.

　　A: ¿(　　　) (　　　) (　　　) (　　　　) en tus vacaciones?

　　B: (　　　) (　　　　) (　　　) (　　　　) compras a grandes almacenes.

(2) ver vídeos y dejar comentarios, probar nuevas aplicaciones del móvil

**84** **3**

A: Me **parece bien este plan**.     A': No me **interesa este plan**.

    ¿Y a vosotros?                     ¿Y a vosotros?

B: A mí también.                  B': A mí tampoco.

C: A mí no.                        C': A mi sí.

(1) parecer divertido, este invento

    A: (      ) (      ) (         ) este (       ).

      ¿Y a vosotros?

    B: (      ) (      ) (       ).

    C: (      ) (      ) (     ).

    A': No (     ) (       ) (        ) este (      ).

      ¿Y a vosotros?

    B': (      ) (      ) (       ).

    C': (      ) (      ) (       ).

(2) caer bien, este chico

**85** **4**

A: Te veo muy **cansado**. ¿Qué te pasa?

B: Me **duele** mucho **el estómago**.

(1) irritado, molestar, el ruido

    A: (      ) (     ) muy (      ).

    ¿(      ) (     ) (       )?

    B: (      ) (        ) mucho (     ) (       ).

(2) nervioso, picar, la cabeza

**86** **5**

A: ¡Qué buena pinta tiene **la paella**!

B: ¿Te apetece probarla?

A: Sí. ¡Qué rica está! ¿A ti no te apetece probarla?

B: No gracias, yo no puedo comer más.

(1) el cocido

    A: ¡(      ) (       ) (       ) (       ) el cocido!

    B: ¿(      ) (       ) (      )?

    A: Sí. ¡(     ) (      ) (     )!

    ¿(      ) (     ) no (     ) (       ) (        )?

    B: No (      ), yo no (     ) (      ) más.

(2) los pasteles

## DIÁLOGO

**Policía:** Disculpe, señor. ¿Conoce a un tal Ignacio Domínguez?

**Señor:** Sí, lo conozco.

**Policía:** ¿Sabe cómo es?

**Señor:** Sí. Es joven, alto y delgado. Tiene el pelo corto y negro.

**Policía:** (1) _____

**Señor:** Sí, lo sé. Vive en la calle Libro.

**Policía:** (2) _____

**Señor:** No, no sé cuál es su número de teléfono.

**Policía:** (3) _____

**Señor:** Sí. Está cerca de aquí. Acabo de verlo en aquel bar.

**Policía:** Gracias por su colaboración.

disculpe: すみません
un tal: ～とかいう人

**❶** 警察官の立場になって、点線部に入る間接疑問文をつくろう。

(1)

(2)

(3)

**❷** 次の質問に答えよう。

(1) Según el diálogo, ¿qué hace primero el policía?

Pregunta a un señor si _____.

(2) ¿Qué le responde el señor al policía?

Le responde que lo _____.

(3) Y después, ¿qué le pregunta el policía al señor?

Le pregunta _____.

(4) ¿Qué le responde el señor al policía?

_____.

**❸** 本文の内容に合うものには Verdadero、合わないものには Falso と答えよう。

(1) El señor pregunta al policía sobre Ignacio Domínguez. (　　　)

(2) Según el señor, Ignacio no tiene el pelo largo ni castaño. (　　　)

(3) El señor sabe contestar a todas las preguntas del policía. (　　　)

(4) El señor sabe dónde está Ignacio porque acaba de verlo en el bar. (　　　)

(5) El policía le agradece su colaboración. (　　　).

## UN POQUITO MÁS

**Alicia が Laura と買い物をしています。**

87

*Alicia y Laura son viejas amigas. Ahora están en una tienda de ropa.*

*Alicia coge una blusa verde oscuro y se la enseña a Laura.*

**Alicia:** Laura, ¿qué te parece esta blusa?

**Laura:** Uhm, no sé. Creo que no te queda muy bien el color oscuro.

**Alicia:** Tienes razón. Además, cuesta 1000 euros, es demasiado cara.

**Laura:** Porque es de una marca de lujo muy famosa.

*Alicia devuelve la blusa a su sitio y las dos salen de la tienda.*

*Entran en otra tienda de ropa de enfrente.*

*Laura encuentra una blusa azul claro y se la enseña a Alicia.*

**Laura:** Alicia, ¿qué te parece esta blusa? Es de seda.

**Alicia:** Uy, ¡qué bonita! ¡Me encanta el color y la forma también!

**Laura:** ¿Qué te parece si entras en el probador para ver cómo te queda?

**Alicia:** Sí, me parece buena idea. Pero antes quiero confirmar el precio.

**Laura:** A ver, ¿cuánto cuesta?

**Alicia:** El precio original es 200 euros, pero ahora está a 135 euros porque está de rebajas.

*Alicia entra en el probador y unos minutos después sale.*

**Alicia:** ¿Qué te parece?

**Laura:** ¡Qué guapa estás con esa blusa! ¡Te queda muy bien!

**Alicia:** ¿Verdad? Me queda perfecta. Me la voy a comprar.

*Alicia va hacia la caja para comprar la blusa.*

talla
número
descuento
lana
algodón
lino

**1** Contesta a las preguntas con los verbos. 動詞を用いて質問に答えよう。

(1) ¿Qué le pregunta Alicia a Laura al coger una blusa verde oscuro?

(2) ¿Qué piensa Laura sobre la blusa verde oscuro?

(3) Después, ¿qué hace Laura?

(4) ¿Qué le parece a Alicia la blusa de seda?

(5) ¿Qué le recomienda Laura a Alicia?

**2** ¡A escuchar! 音声を聞いて、本文と内容が合えば Verdadero、合わなければ Falso と書こう。
88

(1)　　　　　(2)　　　　　(3)　　　　　(4)　　　　　(5)

# Lección 6

89

**1. 再帰動詞** Verbos reflexivos

再帰代名詞を伴う動詞

| levantarse | |
|---|---|
| **me** levanto | **nos** levantamos |
| **te** levantas | **os** levantáis |
| **se** levanta | **se** levantan |

**¡OJO!**

語幹に注意すべき再帰動詞

e → ie　despertarse, sentarse,
　　　　　sentirse, divertirse,
　　　　　referirse, arrepentirse

o → ue　acostarse, acordarse

e → i　　despedirse

1) 直接再帰

再帰代名詞は直接目的語となり、「自分自身を～する」を表す。

**Nos levantamos** a las seis y media.

Hoy Julia **se acuesta** temprano.

¿Cómo **te llamas**? —**Me llamo** Marina.

2) 間接再帰

再帰代名詞が間接目的語となり、直接目的語が自分の身体の部位や着るものを表す。

Mis hijos **se lavan** las manos antes de comer.

Cuando hace frío, **me pongo** los guantes.

**Se quita** el abrigo antes de abrir la puerta.

**¡OJO!**

再帰動詞を不定詞として用いる場合
　Quiero maquillar**me** antes de ir al trabajo.
　**Me** quiero maquillar antes de ir al trabajo.

3) 相互　主語は複数のみ

¿Dónde **nos vemos** mañana? —En la boca de metro a las dos.

¿Por qué no **nos tuteamos**?

Los españoles **se saludan** con dos besos en las mejillas.

4) その他の用法

¿Ya **te vas**? —Sí, **me voy**. Hasta luego.

Gloria **se bebe** la cerveza de un trago.

Como no hace buen tiempo hoy, **nos quedamos** en casa.

90

**2. 無人称表現** Oraciones impersonales

1) 時の経過を表す hacer

**Hace** dos meses que vivo en Granada.

¿Cuánto tiempo **hace** que no nos vemos? —**Hace** diez años que no nos vemos.

(=No nos vemos **desde hace** diez años.)

2) se ＋ 3 人称単数「人は…する」と一般的な事柄を述べる場合

¿Cuánto tiempo **se tarda** de Tokio a Madrid? ―**Se tarda** unas 15 horas en avión.

Para ir a la estación, **se va** recto por esta calle.

Desde aquí no **se oye** al profesor.

3) 3 人称複数　話し手と聞き手以外の不特定の人を表す場合

**Llaman** a la puerta.

**Anuncian** la llegada del tren.

**Dicen** que va a nevar este fin de semana.

Me **dicen** que soy optimista.

**3. 命令法** Modo imperativo

91

1) tú に対する肯定命令 直説法現在 3 人称単数形と同じ形

mirar → mira　　　comer → come　　　subir → sube

**Estudia** mucho para el examen.

**Toma** notas en la reunión.

**Ven** aquí.

**Sal** de casa ahora mismo.

¡OJO!

不規則形
poner → pon
salir → sal
tener → ten
venir → ven
ir → ve
decir → di
hacer → haz
ser → sé

2) vosotros に対する肯定命令　不定詞の語尾の -r を -d に変える

esperar → esperad　　beber → bebed　　abrir → abrid

**Contestad** a la pregunta.

**Recordad** la fecha y la hora de la entrevista.

**Haced** la tarea antes de la cena.

**Tened** paciencia para aprender un nuevo idioma.

3) 目的格人称代名詞、再帰代名詞を伴う肯定命令

目的格人称代名詞、再帰代名詞は動詞の後ろにつける。アクセント符号に注意。

Lo haces enseguida. → Haz**lo** enseguida.

Se las devuelves. → Devuélvese**las**.

Te pones el abrigo. → Pon**te** el abrigo.

Te sientas por ahí. → Siénta**te** por ahí.

¡OJO!

再帰動詞の vosotros に対する肯定命令
sentad + os → senta**os**
quitad + os → quita**os**

Lo leéis en voz alta. → Leed**lo** en voz alta.

Se la enseñáis. → Enseñád**sela**.

## Repaso

**1** ( ) 内の再帰動詞を適切な形にしよう。

(1) ¿A qué hora (levantarse: tú              ) normalmente? —(        ) a las siete.

(2) Luis (acostarse        ) muy tarde todos los días.

(3) (lavarse: nosotros        ) las manos antes de entrar en casa.

(4) ¿(irse: vosotros      ) ya? —Sí, (      ).

**2** 日本語に合うように ( ) 内に適切な語を入れ、無人称表現にしよう。

(1) 私がスペイン語を勉強して 3 ヶ月経つ。

   (      ) tres meses que estudio español.

(2) 娘は 5 年前からピアノを習っている。

   Mi hija aprende piano desde (     ) cinco años.

(3) ここから彼の家までどのくらいかかる？

   ¿Cuánto tiempo (    ) (    ) de aquí a su casa?

(4) 明日は雨が降るらしい。

   (     ) que va a llover mañana.

**3** ( ) 内の動詞を命令にしよう。

(1) (estudiar: tú      ) más.

(2) (tener: tú     ) cuidado.

(3) (venir: vosotros     ) a mi casa.

(4) (entrar: vosotros     ) por la puerta.

**4** 再帰代名詞に注意して、( ) 内の動詞を命令にしよう。

(1) (levantarse: tú     ).

(2) (irse: tú    ).

(3) (acostarse: vosotros     ) ahora mismo.

(4) (sentarse: vosotros     ) ahí.

Tren de Alta Velocidad Española (AVE)

## Ejercicios gramaticales

**1** ( ) 内の再帰動詞を必要があれば適切な形にしよう。

(1) Pablo (acostarse                    ) después de (ducharse                    ).

(2) Mis abuelos (sentarse                    ) a la sombra en el parque.

(3) Cuando (levantarse: yo                    ) tarde, (vestirse                    ) deprisa.

(4) Lola y yo (conocerse                    ) bien. Somos amigas desde antes de entrar en la universidad.

(5) ¿Cómo (despertarse: tú                    )? —(despertarse: yo                    ) al sonar la alarma.

(6) ¿Qué (ponerse: tú                    ) para la ceremonia? —(ponerse                    ) un traje azul.

(7) Cristina (irse                    ) a Canadá a estudiar inglés.

(8) Los jóvenes (divertirse                    ) mucho en la fiesta.

(9) Los japoneses suelen (quitarse                    ) los zapatos en casa.

(10) ¿Tu hijo no (lavarse                    ) el pelo?

　　—No, porque no le gusta (secarse                    ) el pelo.

(11) Ellos (darse                    ) la mano al despedirse.

(12) Quiero (pintarse                    ) las uñas de color rosa.

(13) No (acordarse: yo                    ) bien, pero creo que van a (casarse                    ) en junio.

(14) ¿Por qué (aburrirse: tú                    ) tanto?

　　—Porque tengo que (quedarse                    ) en casa.

**2** 無人称表現になるように、( ) 内の動詞を適切な形にしよう。

(1) ¿(poderse                    ) pasar? —Sí, adelante.

(2) (hacer                    ) media hora que lo espero.

(3) Me (llamar                    ) "Pauli".

(4) ¿Cómo podemos saber si nos (robar                    ) el WiFi?

(5) (vivirse                    ) bien en ese barrio.

(6) (hacer                    ) unos días que no me encuentro bien.

**3** 目的格人称代名詞、再帰代名詞に注意して、( ) 内の動詞を命令にしよう。

(1) (subir: tú                    ) por las escaleras.

(2) (tener: vosotros                    ) cuidado con los coches.

(3) (ser: tú                    ) cortés con los mayores.　(4) (pedir: vosotros                    ) algo fresco.

(5) (llamarla: tú                    ) enseguida.　(6) (leerlo: tú                    ) con mucha atención.

(7) (acompañarme: vosotros                    ).　(8) (pensarlo: tú                    ) bien.

(9) (quedarse: tú                    ) ahí.　(10) (decírmelo: vosotros                    ).

例文の太字部分に指定の語を当てはめて、全文を書きかえよう。

**1** 🎧 92

A: ¿A qué hora **te levantas**?
B: Me levanto **a las 7**.
A: ¿A qué hora se levanta **tu padre**?
B: Se levanta **a las 6**.

(1) acostarse, a las 10, tu madre, a las 11

A: ¿(          ) (          ) (          ) (          ) (              )?
B: (          ) (          ) (          ) (          ) (          ).
A: ¿(          ) (          ) (          ) (          ) (          ) tu (          )?
B: (          ) (          ) (          ) (          ) (          ).

(2) bañarse, a las 9 de la noche, tu hermano, a eso de las 10 y media de la noche

**2** 🎧 93

A: ¿Cuándo **te lavas las manos**?
B: Me lavo las manos **antes de comer**.

(1) ponerse el abrigo, antes de salir

A: ¿(          ) (          ) (          ) el (          )?
B: (          ) (          ) el (          ) (          ) de (          ).

(2) ponerse la bufanda, cuando hace frío

(3) limpiarse los dientes, después de comer

(4) quitarse los zapatos, al entrar en casa

**3** 🎧 94

A: ¿Cómo se llama **tu novia**?
B: Se llama **Juana**.
A: ¿**Os llamáis mucho por teléfono**?
B: **Sí**. Nos llamamos **todos los días**.

(1) tu primo, José, escribirse mucho, No, una vez al año

A: ¿(          ) (          ) (          ) tu (          )?
B: (          ) (          ) José.
A: (          ) (          ) mucho?
B: No. (          ) (          ) una vez al año.

(2) tu mujer, Ana, quererse mucho, Sí, de corazón

**4** A: ¿**En qué país** crees que **se come bien**?
B: Creo que se come bien **en España**.

(1) en qué ciudad, vivirse bien, en Santander

    A. ¿(       ) (         ) (          ) crees que (     ) (      ) bien?

    B: (       ) (       ) (      ) (       )

       (       ) en Santander.

> alrededor de: 約、およそ
> AVE: Alta Velocidad Española

(2) por dónde, irse a la estación, por aquí

(3) cuánto, tardarse en llegar de Madrid a Barcelona, <u>alrededor de</u> tres horas en el tren <u>AVE</u>

**5** A: ¿Qué tiempo hace hoy?
B: **Hace buen tiempo y mucho calor.**
A: ¿Qué tiempo va a hacer mañana?
B: Según el pronóstico del tiempo, va a **llover**.

(1) hacer sol y viento, estar nublado

    A: ¿(     ) (       ) (      ) (      )?

    B: (     ) (      ) y (       ).

    A: ¿(     ) (      ) (     ) (     ) (       ) mañana?

    B: Según el pronóstico (    ) (      ), (    ) (      ) (      ) nublado.

(2) llover mucho, hacer mucho bochorno

> Hace buen / mal tiempo.
> Hace (mucho / un poco de) calor / frío / sol / viento / bochorno / fresco.
> Está (muy / un poco) nublado / despejado.
> Llueve / Nieva (mucho / un poco).
>
> ¡OJO!
> ✖ Hace <u>muy</u> calor.
> ✖ Está <u>mucho</u> nublado.

**6** A: No tengo ganas de **levantarme**.
B: ¡Levántate!, **que** vas a llegar tarde.

(1) acostarse, que, mañana tener que madrugar

    A: (     ) (      ) (      ) de (        ).

    B: ¡(       )!, (     ) mañana (      ) (     ) madrugar.

(2) decirte la verdad, o, ir a arrepentirse

> 命令文 , que: ～しなさい、…だから
> 命令文 , o: ～しなさい、さもないと…

## DIÁLOGO

98

Jaime: (①oír:         ), dentro de un mes salgo de viaje a Inglaterra, pero ¡no sé qué hacer! Es la primera vez que viajo solo.

Maite: (②mirar:      ), no es bueno ponerte nervioso. (③relajarse:      ).
Si todavía no tienes alojamiento, (④buscarlo:      ) y (⑤reservarlo:      ).
Como viajas tú solo, no puedes llevar muchas cosas. (⑥ hacer:      ) la maleta, pero (⑦llevarse:      ) lo mínimo.
Viajas en avión, así que (⑧vestirse:      ) cómodo para evitar mareos. (⑨ponerse:      ) zapatos cómodos ya que vas a caminar mucho. (⑩intentar:      ) dormir muy bien la noche antes del viaje. Seguro que vas a pasarlo muy bien.

**1** ( ) 内の動詞を tú に対する命令にしよう。

99

**2** ¡A escuchar! Jaime から Maite にメールが届きました。Jaime は Maite に何を伝えているのか、音声を聞きとり空欄を埋めよう。

> Querida Maite:
> Te escribo desde Londres para decirte que me encuentro muy bien.
> Voy a hacer un curso de inglés de dos semanas y la escuela está
> muy cerca de mi hostal. El curso empieza mañana. Luego te escribo
> más. Cuídate.
> Un abrazo,
> Jaime

Cuenta que (①_____ _____) desde Londres y que (②_____ _____) muy bien.
También cuenta que(③ _____ _____ _____) un curso de inglés de dos semanas y que la escuela está muy cerca (④_____ _____ _____).

## UN POQUITO MÁS

100

次の文章を読んで問いに答えよう。

Mi tío Álex vive en Japón desde hace 5 años. Cuando hablamos por teléfono, siempre me cuenta cosas interesantes. Por ejemplo, en España, cuando <u>conocemos</u> a alguien por primera vez, <u>le saludamos</u> con dos besos en las mejillas, pero en Japón, según Álex, nadie lo hace. En Japón la forma más común de saludar a alguien es hacerle una

56

reverencia. Inclinan el cuerpo en señal de saludo. Y aquí usamos tenedor y cuchillo para comer, pero allí usan palillos. Le cuesta mucho usarlos, pero le dicen que es cuestión de tiempo. Otra cosa que me sorprende es que, cuando entra en algún restaurante, siempre le sirven gratis agua o té. Aquí <u>tenemos</u> que pedir agua, si no, no nos dan nada para beber. Y, en Japón pueden hacer ruido al tomar sopa, pero aquí no <u>podemos</u> comer así porque para nosotros eso es de mala educación. Hay muchas diferencias entre España y Japón.

**1** 下線部 _____ を se を使った無人称表現にしよう。

(1) conocemos → _____

(2) le saludamos → _____

(3) tenemos → _____

(4) podemos → _____

**2** Contesta a las preguntas con los verbos. 動詞を用いて質問に答えよう。

(1) ¿Cuánto tiempo hace que su tío Álex reside en Japón?

(2) ¿Cuándo se besan en las mejillas los españoles?

(3) ¿Qué sirven gratis en los restaurantes japoneses?

(4) ¿Qué no pueden hacer los españoles al comer?

## MINI ACTIVIDAD

101

Me llamo Valeria. Tengo 5 años. Me gusta jugar con mi Luna. Luna es mi muñeca favorita. Siempre estamos juntas. Por la mañana la levanto, lavo su carita y la visto. Desayunamos juntas. Mamá dice que Luna duerme la siesta bajo el sol cuando estoy en el jardín. Por la noche la ducho, y después la acuesto.

**1** Valeria の言葉を参考に、_____ に適切な代名詞を入れ、（ ） 内の動詞を適切な形にしよう。

Valeria es una niña de 5 años. ①_____ gusta mucho jugar a los muñecos.

Su muñeca favorita ②_____ (llamar:         ) Luna y las dos siempre están juntas. Por la mañana Valeria ③_____ (levantar:         ), y al mismo tiempo levanta a Luna. Valeria ④_____ (lavar:         ) la cara y también (⑤lavar:         ) la cara a Luna. Valeria ⑥_____ (vestir:         ), y a Luna también la (⑦vestir:         ). Desayunan juntas en la misma mesa. Mientras Valeria está en el jardín de infancia, Luna se echa la siesta tomando el sol. Por la noche Valeria ⑧_____ (duchar:         ) y a Luna también la (⑨duchar:         ). A eso de las 9, Valeria la (⑩ acostar:         ) y después ella ⑪_____ (acostar:         ) a su lado. Duermen juntas hasta el día siguiente.

tomando el sol: お日様を浴びながら

# Lección 7

**102**

## 1. 現在分詞 Gerundio

規則語尾
→**Apéndice** 現在分詞不規則形

-ar → -**ando**     escuchar → escuch**ando**     tomar → tom**ando**

-er, -ir → -**iendo**     correr → corr**iendo**     ver → v**iendo**     escribir → escrib**iendo**

副詞的に用いる

1) 進行、継続

¡OJO!

José **está preparando** la cena.

再帰代名詞、目的格人称代名詞を伴う場合

La situación **va mejorando** poco a poco.

**Me** estoy **quitando** las botas.

Mi hermano **sigue trabajando** en la compañía.

/ Estoy **quitándome** las botas.

**Llevo** una hora **esperando** aquí.

**La** estamos **esperando**.

2)「～しながら」

/ Estamos **esperándola**.

Desayuno **viendo** la tele.

Mi padre toma el sol **escuchando** música.

**103**

## 2. 過去分詞 Participio pasado

規則語尾
→**Apéndice** 過去分詞不規則形

-ar → -**ado**     usar → us**ado**     dar → d**ado**

-er, -ir → -**ido**     perder → perd**ido**     recibir → recib**ido**     dormir → dorm**ido**

形容詞的に用い、語尾は名詞に性数一致

1)（代）名詞を修飾

ropa **usada**     mensajes **recibidos**     gato **perdido**(→perderse)     lo **dicho** (→decir)

2) 動詞の補語

El actor es muy **conocido** en todo el mundo.

Esta edición es **limitada**.

La cámara de mi móvil está **estropeada**. (→ estropearse)

**104**

## 3. 直説法現在完了 Pretérito perfecto compuesto de indicativo

1) 活用　haber の直説法現在＋過去分詞　　過去分詞は性数変化しない

| estar | | levantarse | |
|---|---|---|---|
| **he** estado | **hemos** estado | me **he** levantado | nos **hemos** levantado |
| **has** estado | **habéis** estado | te **has** levantado | os **habéis** levantado |
| **ha** estado | **han** estado | se **ha** levantado | se **han** levantado |

2) 用法

① 完了

Ya he **leído** todos los libros de ese autor.

¿Se lo **has dicho** a Eva? —No, todavía no se lo **he dicho**.

② 経験

¿**Habéis estado** alguna vez en España? —No, no **hemos estado** nunca.

¿Cuántas veces **has visitado** el Museo del Prado? —Lo **he visitado** muchas veces.

③ 継続

Desde entonces no **he bebido**.

La carrera universitaria nos **ha dejado** muchos recuerdos y experiencias.

④ 現在時を含む期間に起こった行為、状態

<u>Esta mañana</u> **me he levantado** a las seis menos cuarto.

<u>Este mes</u> no **ha llovido**.

105

**4. 関係詞 (1)** Relativos (1)

➡ **Apéndice** 制限用法・非制限用法
quien, el que / la que

1) que 先行詞は人または事物

先行詞が従属節の主語

Ella es <u>una estudiante de español</u>.    <u>Esta estudiante</u> vive en Osaka.

→ Ella es <u>una estudiante</u> de español **que** vive en Osaka.

El diccionario **que** está en la mesa es de Javier.

Tengo un amigo **que** vive en Alemania.

先行詞が従属節の目的語

Veo a <u>un chico</u> todos los días en la estación.    <u>El chico</u> se llama Joaquín.

→ <u>El chico</u> **que** veo todos los días en la estación se llama Joaquín.

La lengua **que** aprendemos ahora es el español.

El móvil **que** lleva José es de último modelo.

2) donde 先行詞は場所

La escuela **donde** (en que/ en la que) trabajo los martes está en las afueras de Madrid.

Esta es la plaza **donde** (en que/ en la que) van a celebrar una manifestación.

## Repaso

**1** ( ) 内の動詞を現在分詞にしよう。

(1) Estudio (escuchar         ) música.

(2) No me gusta comer (ver        ) la tele.

(3) Mi hermano está (escribir       ) una novela en su habitación.

(4) Estamos (tomar       ) café en una cafetería famosa.

(5) Los niños van (correr       ) a la escuela.

**2** ( ) 内の動詞を過去分詞にしよう。

(1) actriz (conocer      )

(2) coches (usar      )

(3) casas (pintar      )

(4) El gato está (dormir      ) en el sofá.

**3** ( ) 内の動詞を現在完了にしよう。

(1) ¿(estar: tú        ) alguna vez en Perú?

   —Sí, (       ) una vez.

(2) Todavía no (leer: yo       ) esta novela. ¿La (tú       )
ya?

(3) Santiago (levantarse       ) muy tarde esta mañana.

(4) ¿Qué le (decir: tú      )? —No le (      ) nada.

**4** 適切な関係詞を書こう。

(1) El chico es muy simpático. Se llama Raúl.

   → El chico (    ) se llama Raúl es muy simpático.

(2) Voy a comprar un libro. Mi madre quiere leer el libro.

   → Voy a comprar un libro (    ) mi madre quiere leer.

(3) Mi amigo trabaja en un supermercado. El supermercado está en el centro.

   → El supermercado (    ) trabaja mi amigo está en el centro.

(4) Los niños juegan en el parque. El parque es muy grande y tiene muchos árboles.

   → El parque en (    ) los niños juegan es muy grande y tiene muchos árboles.

# Lección 7

## Ejercicios gramaticales

**1** ( ) 内の動詞を estar ＋現在分詞にしよう。　→Apéndice 現在分詞不規則形

(1) ¿Qué (hacer: tú　　　　　)? —(　　　　) la tarea de clase.

(2) Mi hija (abrir　　　　　) sus regalos de cumpleaños.

(3) Ahora (ir: yo　　　　　) al banco.

(4) ¿Dónde está la abuela? —(leer　　　　　) en su habitación.

(5) Ellos (preparar　　　　　) un nuevo proyecto para competir con otro grupo.

(6) Los invitados (divertirse　　　　　) en la fiesta.

**2** ( ) 内の動詞を過去分詞にしよう。　→Apéndice 過去分詞不規則形

(1) visita (guiar　　　　　)

(2) estadio (cubrir　　　　　)

(3) película muy bien (hacer　　　　　)

(4) Últimamente es normal comprar y vender móviles (usar　　　　　).

(5) Me gusta coleccionar libros (firmar　　　　　) por escritores famosos.

(6) Celia está medio (dormir　　　　　) en clase.

(7) Mi esposo desayuna huevo (freír　　　　　) con kétchup.

**3** ( ) 内の動詞を現在完了にしよう。

¡OJO!
目的格人称代名詞を伴う再帰動詞の現在完了
quitarse los zapatos → **Nos los hemos** quitado.

(1) Todavía no (desayunar: ellos　　　　　).

(2) ¿(probar: tú　　　　　) este vino? —Sí, lo (　　　　) ya.

(3) Esta mañana lo (ver: yo　　　　　) en la calle, pero no (venir: él　　　　) a la clase.

(4) ¿(hacer: vosotros　　　　　) ya los deberes? —No, todavía no los (　　　　).

(5) Me (llegar　　　　　) un mensaje al móvil.

(6) Leo muchos libros cada año, pero este año me (gustar　　　　　) solo uno.

(7) ¿A qué hora (acostarse　　　　　) los niños? —A las 10 de la noche.

(8) Ernesto y mi hermana Paloma (casarse　　　　　) este sábado.

**4** 関係詞を用いた文になるように、( ) 内に適切な語を書こう (一語に限ります)。

(1) El collar (　　　　) está en el escaparate cuesta 905 euros.

(2) Llevo una corbata de rayas (　　　　) hace juego con mi camisa.

(3) La película (　　　　) ve ahora Manolo trata de la historia española.

(4) Me suena la canción (　　　　) está cantando ella.

(5) La silla (　　　　) estoy sentado es muy cómoda.

(6) Córdoba es una ciudad (　　　　) hay muchos edificios históricos.

# EXPRESIONES

例文の太字部分に指定の語を当てはめて、全文を書きかえよう。

**1** 106

> A: ¿Qué está haciendo **Andrés**?
> B: Está **fregando los platos**.

(1) Sonia, secar los platos

　　A: ¿Qué (　　　　) (　　　　　　　) Sonia?

　　B: (　　　　) (　　　　　　　) los platos.

(2) Fernando, preparar café

(3) Nuria, regar plantas

**2** 107

> A: ¿Has estado alguna vez en **Argentina**?
> B: No, nunca he estado, pero **mi hermano ha estado dos veces**.

(1) Chile, mi novia, una vez

　　A: ¿(　　　) (　　　　　) alguna vez (　　　) (　　　　　)?

　　B: No, (　　　　) (　　　) (　　　　　　), pero (　　　) (　　　　　)
　　　　(　　　) (　　　　　) una vez.

(2) Costa Rica, mis padres, varias veces

(3) Puerto Rico, mis tíos, muchas veces

**3** 108

> A: ¿Qué ha hecho **Sara esta mañana**?
> B: **Se ha levantado a las 6 y ha ido al colegio**.

(1) Martín, esta tarde, ducharse a las 4, salir con su novia

　　A: ¿Qué (　　　　) (　　　　　) Martín (　　　　) (　　　　)?

　　B: (　　　) (　　　　) (　　　　　) a las 4 y (　　　) (　　　　　) con su
　　　　novia.

(2) Ángela, esta noche, volver a casa fatigado, dormirse en la bañera

Kilómetro 0 y el Oso y el Madroño
(Puerta del Sol, Madrid)

**4**

🎧 109

A: ¿**Se ha dormido el niño?**
B: **Sí**, está dormido.

(1) perderse (usted), sí

    A. ¿(        ) (        ) (           ) usted?

    B: Sí, (         ) (         ).

(2) cansarse (tú) de jugar a videojuegos, sí

(3) acostumbrarse (tu hija) a vivir solo, no

(4) arrepentirse (tú) de colgar una foto en Internet, sí

**5**

🎧 110

A: **Apaga la tele.**
B: ¿Qué has dicho?
A: Apaga la tele, que no puedes **hacer deberes viendo la tele.**

(1) dejar el móvil, caminar, mirarlo

    A: (         ) el móvil.

    B: ¿Qué (      ) (         )?

    A: (        ) el móvil, que no puedes (       ) (         ).

(2) cerrar la boca, comer, hablar

**6**

🎧 111

A: **Siéntate,** que **ya empieza la clase.**
B: Ya estoy **sentado.**

(1) acostarse, ahora viene mamá

    A: (          ), que ahora (        ) mamá.

    B: Ya (       ) (         ).

(2) levantarse, tenemos que irnos enseguida

**7**

🎧 112

A: ¿Ves a esa **chica?**
B: ¿Te refieres a la chica que **sale con tu hermano?**

(1) jugadores, van a jugar en las Olimpiadas

    A: ¿(       ) a (        ) jugadores?

    B: ¿(       ) (        ) a (      ) jugadores que (       ) a (       )

    en las Olimpiadas?

(2) alumnas, tienen ganas de estudiar en España

(Por teléfono)

**Madre de Celia:** ¿Sí? ¿Dígame?

**Jaime:** Hola. ¿Está Celia?

**Madre de Celia:** Hola. ¿De parte de quién?

**Jaime:** Soy Jaime, su compañero de la escuela.

**Madre de Celia:** Un momentito, por favor. Ahora se pone.

**Celia:** Hola, Jaime. ¿Qué tal estás?

**Jaime:** Hola, Celia. Te llamo para darte las gracias por haberme mandado los libros.

**Celia:** No es nada. ¿Te han gustado?

**Jaime:** Hombre, todavía no he leído ninguno, no he tenido tiempo.

**Celia:** Bueno, estoy segura de que te van a gustar.

**1** ¡A contestar! DIÁLOGO を参考に答えよう。

(1) ¿Con quién quiere hablar Jaime? _____.

(2) ¿Para qué la llama? _____.

(3) ¿Qué pregunta Celia a Jaime sobre los libros? _____.

(4) ¿Ha leído Jaime los libros? _____.

(5) ¿De qué está segura Celia? _____.

**2** ¡A escuchar! 音声を書きとろう。聞き取った内容と本文が合致すれば Verdadero、合致しなければ Falso と書こう。

(1) _____ (　　　　)

(2) _____ (　　　　)

(3) _____ (　　　　)

(4) _____ (　　　　)

## UN POQUITO MÁS

🎧 先ほどの会話の続きを読み、問いに答えよう。

115

**Jaime:** Y gracias también por la foto de la fiesta.

**Celia:** Ah, sí. La fiesta del cumpleaños de Josefa.

**Jaime:** En la foto hay algunos chicos que no conozco.

¿Me puedes explicar quién es quién?

**Celia:** Claro.

**Jaime:** Alguna vez me has hablado de un chico que te cae muy bien.

¿Él también está en la foto?

**Celia:** Sí. En realidad, me gusta mucho. A ver si eres capaz de adivinar quién es.

〈Celia は写真に写っている人物を教えてくれました。〉

Según Celia...

· El chico que está bailando con su novia es Bruno.

· La chica que está escuchando algo con los auriculares es Lola.

· El chico que lleva bigote y que está sentado en el sofá es Rafael.

· La chica que está sentada en el sillón hablando con Ángel es María.

· El chico que está hablando por teléfono es Sergio.

· El chico que está acariciando al gato es Leo.

〈また、Celia はいくつかヒントをくれました。〉

> Ahora te doy algunas pistas.
>
> · Al novio de Lola le gustan mucho los gatos.
>
> · El chico con el que charla María es mi hermano.
>
> · María y Sergio no son amigos sino novios.
>
> · Por último, no voy a enamorarme de alguien que está saliendo con otra.

Celia

**1** **Contesta a la pregunta con los verbos.** 動詞を用いて質問に答えよう。

(1) ¿Cómo se llama el chico que le gusta a Celia?

- - - - - - - - - - - - - - - - - - - - - - - - - - - - - - - - - - - - - - - - - - - ·

# Lección 8

**1. 関係詞（2）独立用法** Relativos (2)

116

1) el / la que, los / las que

   **El que** está ahí es Ángel.

   **Los que** no se han suscrito hacen cola en la entrada.

2) lo que    lo は定冠詞中性形    No entiendo **lo que** quieres decir.

3) quien(es)    **Quien** no ha leído el manual no debe utilizar esta máquina.

4) donde    Cuelga las fotos **donde** todos pueden verlas.

**2. 比較表現** Comparativos

117

1) 優等比較    más +形容詞 / 副詞+ que

   Luis es **más** alto **que** ella.

   Estoy **más** cansada **que** mi hijo.

2) 劣等比較 menos +形容詞 / 副詞+ que

   Esta película es **menos** interesante **que** la anterior.

   Corro **menos** rápido **que** tú.

3) 同等比較

   ① tan +形容詞 / 副詞+ como    En este hotel estamos **tan** cómodos **como** en casa.

   ② tanto/a/os/as +名詞+ como    En ese barrio hay **tantos** pisos **como** en este barrio.

   ③ 動詞+ tanto como    Mi esposo cocina **tanto como** yo.

4) 数量の比較

   Japón tiene **más de** cien millones de habitantes.

   España tiene **menos de** cincuenta millones de habitantes.

不規則形

| | |
|---|---|
| mucho → **más** | Tengo **más** libros **que** tú. |
| | Roberto estudia **más que** Claudia. |
| poco → **menos** | En esta sección hay **menos** gente **que** en aquella. |
| | En esta región llueve **menos que** en mi pueblo. |
| bueno, bien → **mejor** | Son **mejores** jugadores **que** nosotros. |
| | Juegas al balonmano **mejor que** yo. |
| malo, mal → **peor** | Hoy hace **peor** tiempo que ayer. |
| | Canto **peor** que tú. |
| grande → **mayor** | Mi padre es **mayor** que mi tío. |
| pequeño → **menor** | Es su hermano **menor**. |

**¡OJO!**    形の大小は más / menos grande, pequeño
Su casa es **más grande** que la mía.

66

**3. 最上級表現** Superativos　➡️Apéndice その他の最上級表現

1) 形容詞　定冠詞（＋名詞）＋ más ＋形容詞＋ de, en

Luz y Eva son **las** (chicas) **más** inteligentes **de** la clase.　➡️Apéndice 絶対最上級

Es **el** punto **más importante de** hoy.

**Lo más** interesante **del** curso es la práctica comunicativa.

2) 副詞

Soy **la que** come **más** del grupo.

Esos chicos son **los que** bailan **mejor** en esta ciudad.

**Lo que más** me gusta del español es su ritmo.

**4. 直説法点過去 (1)** Pretérito perfecto simple de indicativo (1)

1) 規則活用

| estudiar | |
|---|---|
| estudi**é** | estudi**amos** |
| estudi**aste** | estudi**asteis** |
| estudi**ó** | estudi**aron** |

| beber | |
|---|---|
| beb**í** | beb**imos** |
| beb**iste** | beb**isteis** |
| beb**ió** | beb**ieron** |

| vivir | |
|---|---|
| viv**í** | viv**imos** |
| viv**iste** | viv**isteis** |
| viv**ió** | viv**ieron** |

① 1人称単数形に注意すべき動詞

　-gar: llegar → lle**gu**é　　　-car: buscar → bus**qu**é　　　-zar: empezar → empe**c**é

② 3人称単数、複数形に注意すべき動詞

| leer | |
|---|---|
| le**í** | le**ímos** |
| le**íste** | le**ísteis** |
| le**yó** | le**yeron** |

| oír | |
|---|---|
| o**í** | o**ímos** |
| o**íste** | o**ísteis** |
| o**yó** | o**yeron** |

| creer | |
|---|---|
| cre**í** | cre**ímos** |
| cre**íste** | cre**ísteis** |
| cre**yó** | cre**yeron** |

| caerse | |
|---|---|
| me ca**í** | nos ca**ímos** |
| te ca**íste** | os ca**ísteis** |
| se ca**yó** | se ca**yeron** |

2) 用法

過去のある時点や期間において、行為や状態が終了していることや出来事が起こったことを表す。

La Reconquista **terminó** en 1492 con la toma de Granada.

Mis padres **volvieron** del viaje ayer.

La semana pasada **ocurrió** un terremoto muy grande.

¿A qué hora **te acostaste** anoche?　—**Me acosté** a las doce.

¿Cuántos años **vivisteis** en Sevilla? —**Vivimos** 6 años.

Vista panorámica desde la Torre de la Giralda

(Sevilla)

## Repaso

**1** 日本語に合うように、( ) 内に適切な語を入れて関係詞を用いた文にしよう。

(1) 先生の言ったことはとても重要だ。

( ) ( ) ha dicho el profesor es muy importante.

(2) この小説はつまらなさそうだ。私が今週読んだもの (小説) の方がずっと良い。

Esta novela parece aburrida. ( ) ( ) he leído esta semana es mucho mejor.

(3) このウェブページはまだパソコンを持っていない人にとても役立つ。

Esta página web sirve mucho para ( ) no tiene ordenador todavía.


**2** 日本語に合うように、( ) 内に適切な語を入れて比較表現にしよう。

(1) 私は兄より背が低い。

Soy ( ) baja ( ) mi hermano.

Mi hermano es ( ) bajo ( ) yo.

(2) Luisa は Manuel より年上だ。

Luisa es ( ) ( ) Manuel.

Manuel es ( ) ( ) Luisa.

(3) 彼は私と同じくらい速く走る。

Corre ( ) rápido ( ) yo.

(4) この町にはあの町と同じくらいたくさんの広場がある。

En esta ciudad hay ( ) plazas ( ) en aquella.


**3** ( ) 内に適切な語を入れて、最上級表現にしよう。

(1) Daniel es ( ) chico ( ) trabajador de la clase.

(2) Es ( ) pregunta ( ) difícil de hoy.

(3) Ellos son ( ) ( ) trabajan ( ) de la oficina.

(4) ( ) ( ) ( ) me interesa es la historia contemporánea de España.


**4** ( ) 内の動詞を直説法点過去にしよう。

(1) (cenar: nosotros ) una paella rica anoche.

(2) Ayer (estudiar: él ) dos horas en la biblioteca.

(3) (vivir: vosotros ) 10 años en Galicia, ¿verdad?

(4) (llegar: yo ) a la universidad tarde por el accidente.

68

## Ejercicios gramaticales

**1** ( ) 内に当てはまる適切な関係詞を選択肢から選ぼう（文頭の語も小文字にしています）。

| quien, | donde, | lo que, | los que, | la que |
|--------|--------|---------|----------|--------|

(1) (　　　　　) está bailando es mi hija.

(2) (　　　　　) me preocupa es si ella sabe mi secreto.

(3) Hay (　　　　) no sabe disfrutar de las vacaciones.

(4) (　　　　　) vivimos ahora hay mucha naturaleza.

(5) (　　　　) llegan tarde no pueden entrar.

**2** 日本語に合うように、( ) 内に適切な語を入れて、比較表現を完成させよう。

(1) 君は彼女よりもピアノが上手い。Tocas el piano (　　　　　) (　　　　　) ella.

(2) このリュックはそれほど軽くない。Esta mochila es (　　　　　) ligera (　　　　　) esa.

(3) 先生は君たちよりも早口だ。La profesora habla (　　　) rápido (　　　) vosotros.

(4) 彼らは私より4歳年下だ。　　Son cuatro años (　　　) que (　　　　).

(5) 私は以前よりもサッカーが好きだ。Me gusta el fútbol (　　　) (　　　) antes.

(6) この車は他のより小さい。Este coche es (　　　) (　　　) (　　　) otros.

(7) 今日は昨日と同じくらい暑い。Hoy hace (　　　) calor (　　　) ayer.

(8) そのアイスクリーム店には31以上のフレーバーがある。

En la heladería hay (　　　) (　　　) 31 sabores.

**3** ( ) 内に適切な語を入れて、最上級表現を完成させよう。

(1) Soy (　　　　) alumno (　　　　　) perezoso de la clase.

(2) Estas gafas son (　　　　) (　　　　　) económicas en la tienda.

(3) Gema es (　　　) (　　　　) camina (　　　　) rápido de sus amigas.

(4) Alberto es (　　　) (　　　　) pronuncia (　　　) de todos.

(5) (　　　　) profesor (　　　　) severo de la escuela es el profesor Garrido.

(6) (　　　) (　　　) (　　　　) me cuesta es aprender la conjugación de verbos.

**4** ( ) 内の動詞を直説法点過去にしよう。

(1) Entonces (entender: yo　　　　) el sentido de su palabra.

(2) El avión (llegar　　　　) una hora tarde.

(3) Ayer (subir　　　) la temperatura.

(4) Los niños (leer　　　　) ese cuento famoso en clase.

(5) Me (gustar　　　) la canción que (oír　　　　) en la cafetería.

(6) (empezar: yo　　　　) a trabajar en 2015.

(7) El gato (caerse　　　　) de la silla.

## EXPRESIONES

例文の太字部分に指定の語を当てはめて、全文を書きかえよう。

120

**1**

A: ¿Cuánto pesan **Marco y Alma**?

B: Marco pesa **47** kilogramos y Alma pesa **46** kilogramos.

A: ¿Quién pesa **más** de los dos?

B: Marco pesa más que Alma.

(1) David y Lara, 74, 63, más

A: ¿(          ) (              ) David y Lara?

B: David (          ) (          ) kilogramos y Lara (          ) (          ) kilogramos.

A: ¿Quién (          ) más de los (          )?

B: David (          ) más (          ) Lara.

(2) Ángel y Luz, 28, 34, menos

121

**2**

A: ¿Cuánto **miden Marco y Alma**?

B: Marco mide **145** centímetros y Alma mide **152** centímetros.

A: ¿Quién es más **alto** de los dos?

B: Alma es más alta que Marco.

(1) David y Lara, 178, 169, alto

A: ¿(          ) (          ) David y Lara?

B: David (          ) 178 (          ) y Lara (          ) 169 (          ).

A: ¿(          ) (          ) más (          ) de (          ) (          )?

B: (          ) es (          ) (          ) (          ) Lara.

(2) Ángel y Luz, 135, 140, bajo

122

**3**

A: ¿Cuántos años tienen **Marco y Alma**?

B: Marco tiene **13** años y Alma tiene **14** años.

A: ¿Quién es **mayor** de los dos?

B: Alma es mayor que Marco.

(1) David y Lara, 50, 40, mayor

A: ¿(          ) (          ) (          ) David y Lara?

B: David (          ) 50 (          ) y Lara (          ) 40 (          ).

A: ¿(          ) (          ) (          ) de (          ) (          )?

B: David (          ) (          ) (          ) Lara.

(2) Ángel y Luz, 10, 11, menor

**4** 123

A: ¿Quién **baila** mejor, Álvaro o María?

B: **Álvaro** baila mejor que María. Es el que baila mejor de la clase.

(1) cantar, Álvaro

A: ¿Quién (　　　) (　　　　), Álvaro o María?

B: Álvaro (　　　　) (　　　　) (　　　　) María. Es (　　　) (　　　)

(　　　) (　　　　) de la clase.

(2) dibujar, María

**5** 124

A: Este **libro** es tan **interesante** como aquel libro.

B: Yo creo que este no es tan interesante como aquel.

(1) galleta, dulce

A: (　　　) (　　　　) es (　　　) (　　　) (　　　) (　　　　) galleta.

B: Yo (　　　) que (　　　) no es (　　　) (　　　) como (　　　).

(2) sopa, sosa

## MINI ACTIVIDAD

**1** ¿Sabes cómo se dice cada parte del cuerpo? (　) に当てはまる語句を選ぼう。

Ej.) La cara es la parte donde ( a ).

(1) La espalda es la parte que (　). (5) La nariz es la parte por la que (　).

(2) La cabeza es la parte que (　). (6) La boca es la parte que (　).

(3) La oreja es la parte que (　). (7) Los pies son la parte con la que (　).

(4) El ojo es la parte con la que (　). (8) La mano es la parte con la que (　).

a) están los ojos, las cejas, la nariz y la boca

b) respiramos

c) usamos para comer, beber y hablar

d) vemos las cosas

e) está detrás de tu pecho y barriga

f) caminamos

g) podemos contar hasta diez

h) está en ambos lados de la cabeza

i) toma decisiones

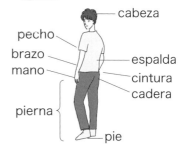

# DIÁLOGO

**Alejandro:** ¿Has estado alguna vez en España?

**Rin:** Sí, he estado una vez, aunque hace ya muchos años.

**Alejandro:** ¿Qué te pareció?

**Rin:** Me encantó. Visité Madrid, Barcelona y Granada.

**Alejandro:** ¡Qué bien! Y, en esas tres ciudades, ¿qué lugares visitaste?

**Rin:** En Madrid visité el Museo del Prado y paseé por el Palacio Real. En Barcelona subí a las torres de la Sagrada Familia. En Granada visité la Alhambra y me emocionó la vista del atardecer y el amanecer desde el Albaicín.

**Alejandro:** Seguro que lo pasaste fenomenal. ¿Qué te gustó más?

**Rin:** Lo que me gustó más es la comida española. Comí paella, gazpacho, tapas... Todo lo que comí me gustó mucho.

**Alejandro:** Es verdad que la comida española es una de las más sabrosas del mundo.

**Rin:** Estoy pensando volver a viajar a España en las próximas vacaciones. Esta vez pienso visitar Valencia.

**Alejandro:** En Valencia hay un zoológico muy bien cuidado. Te lo recomiendo.

**❶ ¡A contestar!**

(1) ¿Rin ha estado alguna vez en España?

(2) ¿Cuánto tiempo hace que viajó a España?

(3) ¿Qué le pareció a Rin el viaje a España?

(4) ¿Qué ciudades visitó Rin?

La Alhambra
(desde el mirador de San Nicolás)

**❷ Elige la respuesta correcta. 正しい選択肢を選ぼう。**

(1) El lugar donde vio las grandes obras de arte es...

(2) El lugar por donde paseó en Madrid es...

(3) El lugar donde subió a las torres es...

(4) El lugar donde disfrutó de la vista es...

la Alhambra en Granada / el Palacio Real /
el Museo del Prado en Madrid / la Sagrada Familia en Barcelona

**3** ¡A escuchar! Sara と Koushiro の会話を聞き、空欄に当てはまる語句を枠内から選ぼう。

126
(1) El país que visitó Koushiro: (　　　　).

(2) Las tres ciudades que visitó: (　　　), (　　　) y (　　　).

(3) Los lugares que visitó: en (　　) paseó por la Gran Vía y por (　　　), en (　　) vio (　　) y entró cn (　　), en (　　) hizo una visita guiada por (　　　) y se alojó en (　　　).

(4) Lo que le gustó más: (　　　) española.

(5) Lo que comió: (　　), (　　) y (　　).

(6) El lugar que piensa visitar en las próximas vacaciones: (　　).

(7) El lugar que recomienda Sara: (　　　) muy bonito.

a) España  b) Barcelona  c) Segovia  d) Madrid  e) Salamanca
f) Santiago de Compostela  g) el parque del Retiro  h) el Parador de Santiago
i) la Mezquita  j) el Acueducto  k) la Catedral de Santiago  l) la Casa Batlló
m) el Alcázar  n) el jamón  o) el pulpo a la gallega  p) la tortilla de patatas
q) el cocido madrileño  r) la fabada  s) el cochinillo asado  t) la comida
u) un museo  v) un mirador

## UN POQUITO MÁS

**1** Aquí está el folleto del zoológico que explica las características que tienen los animales. Escribe el nombre correspondiente a cada animal.

(1) El _____ tiene las patas traseras más largas que las delanteras. Da grandes saltos. Tiene orejas largas y cola pequeña.

(2) La _____ es el animal más alto del mundo. Tiene el cuello y las patas muy largos.

(3) El _____ tiene una trompa larga y las orejas grandes.

(4) El _____ es un animal que se parece mucho al ser humano.

(5) El _____ tiene el cuerpo grande, el cuello largo y la cabeza alargada. Tiene dos orejas erguidas y una cola larga.

león, conejo, oso, jirafa, tigre, elefante, mono, lobo, caballo, cerdo, gallina, oveja

# Lección 9

127
**1. 直説法点過去 (2) 不規則活用** Pretérito perfecto simple de indicativo (2)

➡**Apéndice** 知覚，使役，放任，命令・許可の動詞

① tener 型

| tener | |
|---|---|
| tuve | tuvimos |
| tuviste | tuvisteis |
| tuvo | tuvieron |

② venir 型

| venir | |
|---|---|
| vine | vinimos |
| viniste | vinisteis |
| vino | vinieron |

③ decir 型

| decir | |
|---|---|
| dije | dijimos |
| dijiste | dijisteis |
| dijo | dijeron |

① estar (estuve), haber (hube) , poder (pude), poner (puse) , saber (supe)

② hacer (hice), querer (quise)

③ conducir (conduje) , traer (traje), traducir (traduje)

**Quise** levantarme más temprano, pero no **pude**.

Yo no se lo **dije** a nadie, pero ella se lo **dijo** a su madre.

④ 語幹母音変化動詞

| sentir | | dormir | |
|---|---|---|---|
| sentí | sentimos | dormí | dormimos |
| sentiste | sentisteis | dormiste | dormisteis |
| sintió | sintieron | durmió | durmieron |

⑤ 完全不規則

| dar | | ver | | ser, ir | |
|---|---|---|---|---|---|
| di | dimos | vi | vimos | fui | fuimos |
| diste | disteis | viste | visteis | fuiste | fuisteis |
| dio | dieron | vio | vieron | fue | fueron |

④ pedir (pidió, pidieron) , servir, preferir, repetir, morir (murió, murieron)

Cuando se levantó, **sintió** un dolor en la espalda.

⑤ La película que **vimos** ayer **fue** un rollo.

128
**2. 直説法線過去** Pretérito imperfecto de indicativo

➡**Apéndice** 点過去と線過去

1) 活用　規則活用

| estar | | soler | | vivir | |
|---|---|---|---|---|---|
| estaba | estábamos | solía | solíamos | vivía | vivíamos |
| estabas | estabais | solías | solíais | vivías | vivíais |
| estaba | estaban | solía | solían | vivía | vivían |

不規則活用

| ir | | ser | | ver | |
|---|---|---|---|---|---|
| iba | íbamos | era | éramos | veía | veíamos |
| ibas | ibais | eras | erais | veías | veíais |
| iba | iban | era | eran | veía | veían |

2) 用法

① 過去における習慣・反復的行為

Antes mi padre **fumaba** mucho, pero ahora no.

De pequeño **veía** los dibujos animados japoneses.

② 過去における状態・継続的行為

Cuando **éramos** niñas, **vivíamos** en Salamanca.

Cuando me visitó, **eran** las ocho de la noche.

③ 婉曲表現

¿Qué **deseaba**, señora? —**Quería** comprar un regalo para mi compañera.

Profesor, **queríamos** hablar tranquilamente con usted.

**3. 直説法過去完了** Pretérito pluscuamperfecto de indicativo

129

haber の直説法線過去＋過去分詞

| estar | | | levantarse | | |
|---|---|---|---|---|---|
| **había** estado | **habíamos** estado | | me **había** levantado | nos **habíamos** levantado | |
| **habías** estado | **habíais** estado | | te **habías** levantado | os **habíais** levantado | |
| **había** estado | **habían** estado | | se **había** levantado | se **habían** levantado | |

過去のある時点までに終了している、あるいは継続・経験した行為や状態を表す。

Cuando llegó al aula, el examen ya **había terminado**.

Hasta entonces **había trabajado** en el banco.

**4. 受動文** Oraciones pasivas

130

1) ser ＋過去分詞（＋ por）主に書き言葉で用いられる

Estos datos **son compartidos por** los miembros del grupo.

Todo lo que ves aquí **fue diseñado por** ella.

2) estar ＋過去分詞　行為の結果としての状態

Las puertas **están abiertas** para los invitados.

El piso **está adornado** con azulejos de mosaico.

3) se ＋動詞の３人称 主語は事物のみ

**Se venden** coches de segunda mano.

**Se alquilan** bicicletas por horas.

Canadá es un país bilingüe donde **se hablan** el inglés y el francés.

Mi coche **se destruyó** en un accidente de tráfico.

## Repaso

**1** ( ) 内の動詞を直説法点過去にしよう。

(1) ¿Por qué no (venir: tú           ) a clase?

   —Porque no (poder         ) levantarme temprano.

(2) Mi hijo me (decir        ) una mentira. No (ir         ) a la escuela ayer.

(3) El protagonista de la película que (ver: yo         ) la semana pasada

   (morir        ) anoche.

(4) ¿Qué (hacer: tú        ) anoche?

   —(dar: yo        ) un paseo hablando con Chus.

**2** ( ) 内の動詞を直説法線過去にしよう。

(1) (soler: yo        ) jugar con mis amigos en aquel parque.

(2) (ser        ) la una cuando empecé a preparar la comida.

(3) Antes (trabajar: nosotros        ) juntos en un restaurante chino.

(4) Cuando Elena (ser        ) joven, (ver        ) muchos dibujos animados japoneses.

**3** ( ) 内の語を直説法過去完了にしよう。

(1) El niño ya (terminar        ) la tarea cuando su madre volvió a casa.

(2) Cuando me llamó, ya (levantarse: yo        ).

(3) Hasta entonces (estar: él        ) dos veces en Francia.

**4** ( ) 内の動詞を適切な形にして受動文にしよう。

(1) El artículo fue (escribir        ) por Miguel.

(2) Las tiendas están (cerrar        ).

(3) El mes pasado (firmarse        ) el tratado de paz.

(4) En Japón (fabricarse        ) coches eléctricos.

 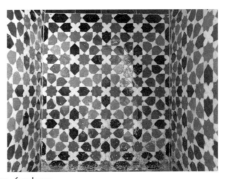

Azulejos árabes

## Ejercicios gramaticales

**1** ( ) 内の動詞を直説法点過去にしよう。

(1) Ayer (haber        ) una fiesta en mi casa. Alejo (traer      ) los postres.

(2) Anteayer (tener: yo      ) una cita con Elena. (ir: nosotros     ) al teatro.

(3) El mapa que me (dar: tú      ) me (servir     ) mucho para pasear por la ciudad.

(4) ¿Le (decir: tú     ) algo a Camila? —No, no le (decir     ) nada.

(5) ¿(ver: tú    ) a Manolo? —No, ayer no (venir: él    ) a clase.

(6) Diego (ponerse    ) el delantal y le (servir    ) un aperitivo a su novia.

(7) El niño (sentirse    ) mal y (dormirse    ) en las rodillas de su abuelo.

**2** ( ) 内の動詞を直説法線過去にしよう。

(1) Todos los veranos (ir: nosotros    ) a la playa y (nadar    ) en el mar.

(2) Cuando (ser: yo    ) pequeño, no me (gustar    ) las zanahorias.

(3) (querer: yo    ) pedirte un favor.

(4) Nuestra casa (estar    ) en un barrio donde (haber    ) mucha animación.

**3** ( ) 内の動詞を直説法点過去に、[ ] 内の動詞を直説法線過去にしよう。

(1) [ser    ] más de las diez de la noche cuando mi hermana (volver    ) a casa.

(2) Lula [estar    ] enfadada porque su novio no (llegar    ) a tiempo.

(3) Como [tener: yo    ] muchos problemas, no (poder    ) ir a la fiesta de anoche.

(4) Cuando mi hija [tener    ] 2 años, (ir: nosotros    ) a un safari.

**4** ( ) 内の語を直説法過去完了にしよう。

(1) Mi madre estaba nerviosa porque (perder    ) la cartera.

(2) Cuando volví a casa, mis hijos ya (acostarse    ).

(3) Romano dijo que no (ver    ) esta película famosa.

**5** ( ) 内の動詞を適切な形にして受動文にしよう。

(1) Ahora (usarse    ) poco los teléfonos públicos.

(2) Las invitaciones ya están (escribir    ).

(3) Las ventanas estaban (abrir    ) para aumentar la ventilación.

(4) La propuesta fue (recibir    ) por el presidente.

(5) Las ruinas fueron (descubrir    ) por los europeos.

## EXPRESIONES

例文の太字部分に指定の語を当てはめて、全文を書きかえよう。

**131** **1**

A: ¿Qué **hiciste** ayer?

B: No hice nada especial. Estuve en casa todo el día.

(1) hacer (vosotros)

A: ¿(　　　　) (　　　　　　) ayer?

B: No (　　　) (　　　　　) especial. (　　　　　　) en (　　　　) todo el día.

(2) hacer (ellos)

**132** **2**

A: ¿Te **gustó la película**?

B: **Sí**, me gustó **mucho**.

(1) gustar la novela, no, no··· mucho

A: ¿(　　　　) (　　　　　) la (　　　　　)?

B: (　　　　), (　　　) (　　　　　) (　　　　　) mucho.

(2) doler la cabeza, sí, bastante

(3) parecer bien el plan, sí, genial

**133** **3**

A: ¿Qué hacías cuando **eras niño**?

B: **Jugaba con mis amigos a la pelota y a la comba.**

(1) ser pequeño, leer tebeos y jugar a los videojuegos

A: ¿(　　　　) (　　　　　) cuando (　　　　) (　　　　　)?

B: (　　　　) (　　　　　) y (　　　　　) a los (　　　　　).

(2) estar hospitalizado, escuchar la radio y ver telenovelas

**134** **4**

A: ¿Qué te dijo **Manolo**?

B: Me dijo que **estaba resfriado**.

(1) Beatriz, no tener tiempo para ir al cine conmigo

A: ¿(　　　　) (　　　　) (　　　　　　) Beatriz?

B: (　　　) (　　　　) (　　　　) no (　　　　) tiempo (　　　) (　　　　) al cine conmigo.

(2) tus profesores, deber (yo) estudiar más para aprobar el examen

78

**5** 135

A: ¿De qué se dio cuenta **Sara**?

B: Se dio cuenta de que **sus padres estaban de camino a casa.**

(1) Raquel, nosotros, ir por un camino equivocado

A: (     ) (     ) (     ) (     ) (     ) Raquel?

B: (     ) (     ) (     ) (     ) que nosotros (     )

(     ) un camino equivocado.

(2) tú, Iván, haber dejado el pasaporte en alguna parte

**6** 136

A: ¿Qué estabas haciendo cuando **ocurrió el terremoto**?

B: **Estaba en la cama durmiendo.**

(1) ocurrir el accidente, estar en casa viendo la tele

A: ¿(     ) (     ) (     ) (     ) (     ) el accidente?

B: (     ) en (     ) (     ) la tele.

(2) sonar el teléfono, estar en la cocina preparando la cena

**7** 137

A: Pensé que **te habías ido al viaje** con **tu madre.**

B: Pensaba irme con mi madre, pero al final no me fui con ella.

(1) irse (usted) a la ceremonia, sus padres

A: (    ) que (   ) (    ) (    ) a la ceremonia (   ) (   ) (    ).

B: (    ) (   ) con (   ) (    ), (    ) al final no (   ) (    ) con (   ).

(2) irse (vosotros) a la exposición, vuestro jefe

**8** 138

A: ¿Qué deseaba **usted**?

B: Quería **comprar un perfume.**

(1) ustedes, comprar un bolso

A: ¿(    ) (     ) ustedes?

B: (    ) (     ) (    ) (     ).

(2) usted y su esposa, hablar con el doctor López

139

**Manolo:** Yuna, has estado muchas veces en España. ¿Has participado en alguna fiesta?

**Yuna:** Sí, he participado en varias fiestas. Todas me gustaron, pero la fiesta que más me gustó y me resultó inolvidable es la fiesta de las Fallas de Valencia.

**Manolo:** ¡Una de las más populares de España! Cuéntame más. ¿Cómo te fue?

**Yuna:** La primera vez que vi las fallas me sorprendí mucho porque eran enormes. Y me sorprendí mucho más cuando supe que al final de la fiesta las iban a quemar. ¡Es increíble!, ¿no?

**Manolo:** Sí, sí. Siempre que veo las fallas en llamas en la tele me parece una locura.

**Yuna:** Algunas de las fallas que vi eran muy graciosas y divertidas. Representaban con mucho humor personajes famosos del mundo de la política y del espectáculo.

**Manolo:** ¡Qué ganas tengo de verlas en vivo!

**1** ¡A contestar!

(1) ¿Qué pregunta Manolo a Yuna al principio del diálogo?

(2) ¿Qué fiesta le gustó más a Yuna?

(3) Según Yuna, ¿qué iban a hacer al final de la fiesta?

(4) ¿De qué tiene ganas Manolo?

Las Fallas de Valencia

## UN POQUITO MÁS

140

> **Yuna:** El año que viene tengo planes de ir a España y pienso participar en otra fiesta, pero no recuerdo cómo se llama. Se celebra en verano.
>
> **Manolo:** ¿La fiesta de San Fermín? Se celebra en julio.
>
> **Yuna:** No, no es la fiesta de San Fermín. No se celebra en Pamplona sino en Valencia...
>
> **Manolo:** ¿No es la Tomatina? Se celebra a finales de agosto.
>
> **Yuna:** ¡Eso es! ¡Quiero lanzar tomatazos!
>
> **Manolo:** Suena muy divertido. Seguro que la vas a disfrutar mucho. Yo fui a España en febrero pasado y me gustó mucho el Carnaval de Santa Cruz de Tenerife. Me disfracé con mis amigos y lo pasamos genial.

**❶ Contesta a las preguntas con los verbos.** 動詞を用いて質問に答えよう。

(1) ¿Qué planes tiene Yuna para el año que viene?

(2) ¿Dónde se celebra la Tomatina?

(3) ¿Qué quiere hacer Yuna en la Tomatina?

(4) ¿Qué hizo Manolo en el Carnaval?

141

**❷ ¡A escuchar!** スペインの４つのお祭りに関する情報が流れます。どのお祭りのことを話しているのか (a) ～ (d) から選ぼう。

(1)

(2)

(3)

(4)

(a) La Tomatina de Buñol

(b) La fiesta de San Fermín

(c) El Carnaval de Santa Cruz de Tenerife

(d) Las Fallas de Valencia

# Lección 10

142

**1. 直説法未来** Futuro simple de indicativo

1) 活用　不定詞の語尾に以下の活用語尾をつける

規則活用

| hablar | |
|---|---|
| habla**ré** | hablar**emos** |
| hablar**ás** | hablar**éis** |
| hablar**á** | hablar**án** |

| beber | |
|---|---|
| beber**é** | beber**emos** |
| beber**ás** | beber**éis** |
| beber**á** | beber**án** |

| vivir | |
|---|---|
| vivir**é** | vivir**emos** |
| vivir**ás** | vivir**éis** |
| vivir**á** | vivir**án** |

不規則活用

① 母音脱落型

| poder | |
|---|---|
| podré | podremos |
| podrás | podréis |
| podrá | podrán |

② -d 挿入型

| tener | |
|---|---|
| ten**dr**é | ten**dr**emos |
| ten**dr**ás | ten**dr**éis |
| ten**dr**á | ten**dr**án |

③ 完全不規則

| decir | |
|---|---|
| diré | diremos |
| dirás | diréis |
| dirá | dirán |

| hacer | |
|---|---|
| haré | haremos |
| harás | haréis |
| hará | harán |

① haber (habré…),　querer (querré…),　saber (sabré…)

② poner (pondré…),　salir (saldré…),　venir (vendré…)

2) 用法

① 現在の推量

¿Qué hora es? —No sé. **Serán** sobre las dos.

A esta hora no **habrá** mucha gente allí.

② 現在から見た未来の行為や状態

Te **esperaré** en la plaza.

Mañana **hará** buen tiempo en toda España.

143

**2. 直説法未来完了** Futuro compuesto de indicativo　　➡ Apéndice　未来完了

1) 活用　haber の直説法未来＋過去分詞

| estar | | | |
|---|---|---|---|
| **habré** estado | **habremos** estado | | |
| **habrás** estado | **habréis** estado | | |
| **habrá** estado | **habrán** estado | | |

| levantarse | | | |
|---|---|---|---|
| me **habré** levantado | nos **habremos** levantado | | |
| te **habrás** levantado | os **habréis** levantado | | |
| se **habrá** levantado | se **habrán** levantado | | |

2) 用法　現在までに終わっている事柄の推量

No encuentro la llave. La **habré olvidado** en casa.

Mis hijos no están en casa. **Habrán salido** al parque.

**3. 直説法過去未来** Condicional simple

144 1) 活用　不定詞の語尾に以下の活用語尾をつける

規則活用

| hablar | | beber | | vivir | |
|---|---|---|---|---|---|
| hablar**ía** | hablar**íamos** | beber**ía** | beber**íamos** | vivir**ía** | vivir**íamos** |
| hablar**ías** | hablar**íais** | beber**ías** | beber**íais** | vivir**ías** | vivir**íais** |
| hablar**ía** | hablar**ían** | beber**ía** | beber**ían** | vivir**ía** | vivir**ían** |

不規則活用
（未来形と同じ動詞）

① 母音脱落型　haber (habría…), poder (podría…), querer (querría…), saber (sabría…)

② -d 挿入型　　poner (pondría…), salir (saldría…), tener (tendría…), venir (vendría…)

③ 完全不規則　hacer (haría…), decir (diría…)

2) 用法

① 過去の推量　Cuando me desperté, ya **serían** las diez de la mañana.

② 過去から見た未来の行為や状態　Te dije que **iría** al partido de fútbol el miércoles.

③ 婉曲表現　Me **gustaría** pedirle un favor.

　　¿**Podría** decirme dónde está el Correo?

**4. 直説法過去未来完了** Condicional compuesto　　⮕Apéndice　過去未来完了

145 1) 活用　haber の直説法過去未来＋過去分詞

| estar | | levantarse | |
|---|---|---|---|
| **habría** estado | **habríamos** estado | me **habría** levantado | nos **habríamos** levantado |
| **habrías** estado | **habríais** estado | te **habrías** levantado | os **habríais** levantado |
| **habría** estado | **habrían** estado | se **habría** levantado | se **habrían** levantado |

2) 用法　過去のある時点までに終わっている事柄の推量

Ella estaba cansada. No **habría dormido** bien.

Creía que **habrías terminado** ya.　　　　　　　　⮕Apéndice　話法

**5. 接続法現在 (1)** Presente de subjuntivo (1)

146 1) 活用

規則活用

| hablar | | beber | | vivir | |
|---|---|---|---|---|---|
| habl**e** | habl**emos** | beb**a** | beb**amos** | viv**a** | viv**amos** |
| habl**es** | habl**éis** | beb**as** | beb**áis** | viv**as** | viv**áis** |
| habl**e** | habl**en** | beb**a** | beb**an** | viv**a** | viv**an** |

正書法に注意　buscar (bus**que**, …), tocar (to**que**, …), llegar (lle**gue**, …), coger (co**ja**, …)

2) 単文における用法

願望　¡Ojalá **lleguemos** a tiempo!　　　¡Que **te mejores** pronto!

疑惑　Tal vez me **llame** esta noche.　　Quizá(s) no me **paguen** mañana.

**1** （　）内の動詞を直説法未来にしよう。

(1) (hablar: yo　　　　　　　　) con el profesor sobre mis notas del examen.

(2) ¿Qué (hacer: tú　　　　　　) este fin de semana?

　—(salir　　　　　　　) a comprar con Eva.

(3) Mañana (llover　　　　　　) mucho en todo Japón.

(4) ¿Qué hora es? —No sé. (ser　　　　　　) sobre la una y media.

**2** （　）内の動詞を直説法未来完了にしよう。

(1) Son las cinco. José ya (llegar　　　　　　　) a Barcelona.

(2) Hay muchos policías en la calle. (ocurrir　　　　　　) algo.

(3) Rocío ya (levantarse　　　　　　).

**3** （　）内の動詞を直説法過去未来にしよう。

(1) Cuando volvió mi padre, (ser　　　　　　) sobre las once de la noche.

(2) En aquel entonces (tener: yo　　　　　　) cinco años.

(3) ¿(poder: ustedes　　　　　) esperarnos un momento?

(4) (querer: yo　　　　　　) hablar con la directora.

**4** （　）内の動詞を直説法過去未来完了にしよう。

(1) (salir: ellos　　　　　　) de la casa cuando los llamé por teléfono.

(2) Creía que (terminar: tú　　　　　) el trabajo ya.

**5** （　）内の動詞を接続法現在にしよう。

(1) Ojalá mis padres me (comprar　　　　　　) un coche.

(2) Quizás no (llover　　　　　) hoy.

(3) Tal vez me (visitar　　　　　) mis padres mañana.

(4) Que (pasar: vosotros　　　　　　) buen fin de semana.

Sagrada Familia

# Lección 10

## Ejercicios gramaticales

**1** ( ) 内の動詞を直説法未来にしよう。

(1) (coger: nosotros　　　　　　) un taxi para ir al hotel.

(2) Mañana Víctor (levantarse　　　　　　) a las cinco y media para estudiar.

(3) No (terminar: tú　　　　　) ese trabajo en un día.

(4) Nacho no (venir　　　　) a la hora.

(5) El domingo (ser　　　　) el mejor día de mi vida.

(6) (tener: nosotros　　　　　) un examen final de inglés el mes que viene.

(7) Lidia no (poder　　　　　) entrar en el estadio, porque ha perdido el permiso.

**2** ( ) 内の動詞を直説法未来完了にしよう。

(1) Mis abuelos no (volver　　　　　) a casa todavía, porque no contestan al teléfono.

(2) Marcelo ya (recibir　　　　) el paquete.

(3) No me ha saludado. —No te (ver　　　　　).

**3** ( ) 内の動詞を直説法過去未来にしよう。

(1) Me dijeron que (venir　　　　　) a mi casa a las seis.

(2) Les avisé que (haber　　　　　) muchos eventos en la plaza a la semana siguiente.

(3) ¿Me (traer: usted　　　　　) una servilleta, por favor?

(4) (deber: tú　　　　) terminar la tarea enseguida.

(5) ¿(poder: vosotros　　　　　) ayudarme a preparar el informe?

**4** ( ) 内の動詞を直説法過去未来完了にしよう。

(1) Isabela estaba muy enfadada. Su hijo no (terminar　　　　　) los deberes.

(2) ¿No has hecho nada hasta ahora? Pensaba que (hacer: tú　　　　　) la maleta para el viaje.

(3) Dijeron que ese escritor ya (escribir　　　　　) su última novela, pero todavía no se ha publicado.

**5** ( ) 内の動詞を接続法現在にしよう。

(1) Ojalá Laura (aceptar　　　　　) mi invitación.

(2) Quizás (asistir　　　　) todos los alumnos a la conferencia.

(3) Tal vez (terminar: yo　　　　　) la tarea pronto.

(4) Que (recuperarse　　　　　) tu abuela pronto.

(5) Ojalá (pasar: vosotros　　　　　) el examen.

例文の太字部分に指定の語を当てはめて、全文を書きかえよう。

**1** 147

> A: **Vete** ya, o **llegarás tarde**.
> B: Ahora mismo me voy.

(1) reservarlo, perderlo para siempre

    A: (          ) ya, o (     ) (          ) para (       ).

    B: Ahora mismo (     ) (        ).

(2) decirme la verdad, arrepentirte

**2** 148

> A: Ha pasado **una hora** desde que **Iván** salió hacia **el restaurante**.
> B: Ya habrá llegado al restaurante y estará **comiendo**.

(1) dos horas, Nuria, la biblioteca, leer algún libro

    A: (   ) (     ) dos horas (    ) que Nuria (     ) hacia (   ) (       ).

    B: Ya (     ) (     ) a (    ) (     ) y (    ) (      ) algún libro.

(2) media hora, Claudia, el hospital, esperar su turno en la sala de espera

**3** 149

> A: ¿Qué hora era cuando llegaste **a casa**?
> B: Eran **las ocho** cuando salí **del bar**, así que cuando llegué a casa
> serían **las nueve**.

(1) al cine, 7:00, del aparcamiento, 8:00

    A: ¿(     ) (      ) (       ) cuando (      ) al (      )?

    B: (      ) las (     ) cuando (     ) del (     ), así (     )

    cuando (     ) al (    ) (     ) las (      ).

(2) a la estación, 1:00, de la tienda, 1:40

**4** 150

> A: ¿Qué pensaste en ese momento?
> B: Pensé que **sacaría buenas notas**, pero no fue así.

(1) llegar a tiempo

    A: ¿(     ) (       ) en (     ) (       )?

    B: (    ) que (     ) (   ) (     ), pero (   ) (     ) así.

(2) aprobar el examen

**5**  🎧 151

A: ¿Podría hablar con **el señor Rodríguez**? Me gustaría hablar de un asunto muy **importante**.

B: Lo sentimos, pero está de **viaje**.

(1) la señora Pérez, urgente, vacaciones

A: ¿(            ) hablar (            ) la (            ) Pérez?

(            ) (            ) (            ) de un (            ) muy (            ).

B: (            ) (            ), pero (            ) de (            ).

(2) el señor González, delicado, baja

**6**  🎧 152

A: ¿**Lola** habrá cumplido **8** años?

B: Sí, sí, justo ayer cumplió 8 años.

(Años después...)

A: ¿En aquel momento **Lola** habría cumplido **8** años?

B: Sí, sí, justo el día anterior había cumplido 8 años.

(1) tu prima, 17

A: ¿Tu (            ) (            ) (            ) 17 años?

B: Sí, sí, (            ) (            ) (            ) 17 años.

(Años después···)

A: ¿En (            ) momento tu (            ) (            ) (            ) 17 años?

B: Sí, sí, (            ) el (            ) (            ) (            ) (            ) 17 años.

(2) tú, 21

**7**  🎧 153

A: ¡Ojalá te **paguen el sueldo** pronto!

B: Tal vez mañana. ¡Que me lo paguen ya!

(1) llamar (ella)

A: ¡(            ) te (            ) pronto!

B: Tal (            ) (            ). ¡(            ) me (            ) ya!

(2) perdonar (ellos)

154

*(Un policía está mostrando una foto a una señora en un bar.)*

**Policía:** Disculpe, señora. ¿Conoce usted a un tal Ignacio Domínguez?

**Señora:** Lo conozco, pero solo de vista.

**Policía:** ¿Podría decirme si hoy vino por aquí o no?

**Señora:** Sí, vino por aquí. Hace un rato que salió de aquí con una joven.

**Policía:** ¿Sabe a dónde se fueron?

**Señora:** No sé a dónde se fueron exactamente, pero hablaban de visitar a alguien...

**Policía:** ¿A qué hora salieron de aquí?

**Señora:** Eran las ocho cuando vine aquí y después conversaron como mínimo media hora. Así que...

**Policía:** Serían las ocho y media.

**Señora:** Sí.

**Policía:** ¿La casa que iban a visitar estará lejos de aquí?

**Señora:** No lo sé, pero como decían que estaba cerca de la Plaza de la Libertad...

**Policía:** No está lejos de aquí. De acuerdo, agradezco su colaboración.

**1** ¡A contestar!

(1) ¿Qué le pregunta primero el policía a la señora?

(2) ¿La señora conoce a Ignacio Domínguez?

(3) Cuando llega el policía, ¿está Ignacio en el bar?

(4) ¿Por qué no está Ignacio cuando el policía llega al bar?

(5) ¿Sabe la señora a dónde se fueron los dos?

(6) ¿Qué le pregunta el policía a la señora al final?

🎧 ❷ ¡A escuchar! 本文に関する質問を聞いて書き取り、適切な答えを選ぼう。

155 (1) ¿ _____ ?

   a) No, no la reconoce.     b) Sí, la reconoce.     c) No se sabe.

(2) ¿ _____ ?

   a) No, no lo consiguió.     b) Sí, pudo hablar con él.     c) No se sabe.

(3) ¿ _____ ?

   a) No, no charlaron más de media hora.

   b) No, no charlaron ese día.

   c) Sí, charlaron más de media hora.

(4) ¿ _____ ?

   a) Sí, se dio cuenta.     b) No, no se dio cuenta.     c) No se sabe.

(5) ¿ _____ ?

   a) No, no está lejos del bar.     b) Sí, está lejos del bar.     c) No se sabe.

## UN POQUITO MÁS

❶ 時制に気をつけて答えよう。

(1) ¿Qué le preguntó primero el policía a la señora?

(2) Cuando llegó el policía, ¿estaba Ignacio en el bar?

(3) ¿Por qué no estaba Ignacio cuando el policía llegó al bar?

(4) ¿Qué hora era cuando la señora llegó al bar?

(5) ¿Cuánto tiempo estuvieron charlando Ignacio y la chica?

(6) ¿Qué le preguntó el policía a la señora al final?

(7) ¿Por qué el policía pensó que la casa no estaba lejos del bar?

# Lección 11

## Gramática

**1. 接続法現在 (2)** Presente de subjuntivo (2)

156

1) 不規則活用

① 語幹母音変化動詞（-ar 動詞 , -er 動詞）直説法現在と同じ語幹母音変化

e → ie                    o → ue

| pensar | |
|---|---|
| piense | pensemos |
| pienses | penséis |
| piense | piensen |

| volver | |
|---|---|
| vuelva | volvamos |
| vuelvas | volváis |
| vuelva | vuelvan |

cerrar (cierre)      entender (entienda)

perder (pierda)     querer (quiera),

contar (cuente)    encontrar (encuentre)

mover (mueva)     poder (pueda)

② 語幹母音変化動詞（-ir 動詞）1, 2 人称複数形 e → i, o → u

| sentir | |
|---|---|
| sienta | sintamos |
| sientas | sintáis |
| sienta | sientan |

| pedir | |
|---|---|
| pida | pidamos |
| pidas | pidáis |
| pida | pidan |

| dormir | |
|---|---|
| duerma | durmamos |
| duermas | durmáis |
| duerma | duerman |

preferir   repetir

servir

morir (muera, muramos)

③ 直説法現在 1 人称単数形をもとに活用する動詞

| ver (veo) | |
|---|---|
| vea | veamos |
| veas | veáis |
| vea | vean |

| tener (tengo) | |
|---|---|
| tenga | tengamos |
| tengas | tengáis |
| tenga | tengan |

| conocer (conozco) | |
|---|---|
| conozca | conozcamos |
| conozcas | conozcáis |
| conozca | conozcan |

| construir (construyo) | |
|---|---|
| construya | construyamos |
| construyas | construyáis |
| construya | construyan |

decir (diga)       hacer (haga)       oír (oiga)       poner (ponga)       traer (traiga)

venir (venga)      salir (salga)       conducir (conduzca)       traducir (traduzca)

contribuir (contribuya)       huir (huya)

④ 完全不規則活用

| dar | | ser | | estar | | haber | | ir | | saber | |
|---|---|---|---|---|---|---|---|---|---|---|---|
| dé | demos | sea | seamos | esté | estemos | haya | hayamos | vaya | vayamos | sepa | sepamos |
| des | deis | seas | seáis | estés | estéis | hayas | hayáis | vayas | vayáis | sepas | sepáis |
| dé | den | sea | sean | esté | estén | haya | hayan | vaya | vayan | sepa | sepan |

2) 名詞節における用法

① 直接目的語節　　従属節が主節の動詞の直接目的語

　　否定・疑惑　　<u>No creo</u> que José **esté** en casa.

　　　　　　　　<u>Dudo</u> que **sepan** la verdad.

願望・命令・依頼・助言　　Queremos que **vengas** a vernos.

Ella espera que le **demos** un regalo.

El profesor nos dice que **estudiemos** más.

　　　　　　　(cf. El pronóstico del tiempo dice que mañana hace buen tiempo.)

感情　Me alegro mucho de que **estés** bien.

Siento que no **puedas** venir a la fiesta.　 主語が同一の場合　Me alegro de verte.

② 主語節　従属節が主節の動詞の主語

事実以外（評価・価値判断）の意味の主節

Es mejor que **comas** muchas verduras.　 事実を表す場合

Es posible que **llueva** mañana.　　　　　　Es verdad que ella **gana** mucho.

3) 関係詞節における用法

先行詞が不特定　　　　　 先行詞が特定の場合

　　　　　　　　　　　　Conocemos a un actor que **sabe** tocar el piano.

Buscamos un actor que **sepa** tocar el piano.

Aquí no hay ningún coche que **puedas** comprar.

4) 副詞節における用法

① 目的　　　　　 主語が同一の場合　Trabajo mucho para ahorrar dinero.

Te lo voy a explicar despacio para que lo **entiendas** bien.

Siempre hace chistes para que **me ría**.

② 時　未来の事柄を述べる場合

Cuando **vea a** Rosa, le enseñaré estas fotos.

Cuando **tengas** tiempo libre, lee esta novela.　 経験（過去の事柄や現在の習慣）を
　　　　　　　　　　　　　　　　　　　　　　　述べる場合

③ 譲歩　仮定的な事柄を述べる場合（「たとえ〜であっても」）　Cuando **tengo** tiempo libre,
　　　　　　　　　　　　　　　　　　　　　　　siempre juego con el móvil.

Aunque no **haga** buen tiempo mañana, iremos a la montaña para hacer senderismo.

Aunque **vengan** a verme, no voy a atender a nadie mañana.

　　　　　 事実を述べる場合（「〜だが」）Aunque **hace** mal tiempo, corro por el parque.

 **2. 命令文** Oraciones imperativas

157　1) 肯定命令　usted, ustedes, nosotros に対する肯定命令は接続法

目的格人称代名詞、再帰代名詞は動詞の後ろにつける。アクセント符号に注意。

**Escriba** su nombre aquí.　　　　　 再帰動詞の nosotros に対する肯定命令

**Lean** el texto y **respondan** a la pregunta.　sentemos + nos → sentémo**nos**

**Dígan**melo, por favor.　　　　　　　quitemos + nos → quitémo**nos**

2) 否定命令　否定命令はすべての人称で接続法

目的格人称代名詞、再帰代名詞は活用する動詞の前に置く。

No **bebas** tanto.　　　　　　No **se vaya** todavía.

No **os acerquéis** al fuego.　　Por favor, no **toquen** nada en la sala.

**1** ( ) 内の動詞を接続法現在にしよう。

(1) No creemos que Paco (querer                    ) ir con nosotros.

(2) Quiero que (ver: tú                    ) esta película.

(3) Me alegro de que (estar: vosotros                    ) contentos.

(4) Es importante que (conducir: nosotros                    ) con mucho cuidado.


**2** ( ) 内の動詞を接続法現在にしよう。

(1) En este barrio no hay ninguna casa que (tener                    ) piscina.

(2) Busco una niña que (cuidar                    ) a mi bebé.

(3) No conozco a nadie que (saber                    ) vasco.

(4) Necesitamos una persona que (poder                    ) participar en este proyecto.


**3** ( ) 内の動詞を接続法現在にしよう。

(1) Pongo el móvil en la mesa para que mi hija no lo (tocar                    ).

(2) Cuando (llegar: ellos                    ) al aeropuerto, iré a buscarlos.

(3) Aunque no (tener: tú                    ) fiebre, ve al médico.


**4** 命令文にしよう。

(1) No me (decir: tú                    ) mentiras.

(2) (salir: usted                    ) del cuarto.

(3) (levantarse: ustedes                    ) del asiento.

(4) No (ponerse: vosotros                    ) de pie en el sofá.

Fuente de los Leones (Palacio de los Leones, la Alhambra)

## Ejercicios gramaticales

**1** ( ) 内の動詞を接続法現在にしよう。

(1) Queremos que nos (explicar: tú　　　　　) cómo ha ocurrido el accidente.

(2) No pienso que mi vecino (decir　　　　) toda la verdad.

(3) Nos alegramos de que (participar: tú　　　　　) en nuestro club.

(4) Mi madre me dice que (volver: yo　　　　　) a casa temprano.

(5) Es imposible que (entregar: vosotros　　　　　) los informes a tiempo.

(6) Marina no cree que (llover　　　　) mañana.

(7) Sentimos que no te (gustar　　　　) la comida picante.

(8) Les pido que (callarse　　　　) un minuto, por favor.

**2** ( ) 内の動詞を接続法現在にしよう。

(1) Quiero vivir en un piso que no (dar　　　　) a la calle principal.

(2) No sé qué hacer, necesito algún consejo que me (ayudar　　　　) a decidirme.

(3) No hay nadie que (jugar　　　　) al ajedrez.

**3** ( ) 内の動詞を接続法現在にしよう。

(1) Cuando (cumplir　　　　) 20 años, iré de copas con mi padre.

(2) Aunque no (ganar: él　　　　) el premio, lo celebraremos.

(3) Cuando (volver: vosotros　　　　) del viaje, visitad a vuestros abuelos.

(4) Aunque no lo (parecer　　　　), mi madre es mayor que mi padre.

**4** ( ) 内の動詞を直説法現在または接続法現在にしよう。

(1) Nos sorprendemos de que ellos (entender　　　　) ruso.

(2) Es natural que (enfadarse: tú　　　　) con él.

(3) Hay un alumno que siempre (sacar　　　　) cien puntos.

(4) El médico me aconseja que (reducir　　　　) el consumo de alcohol.

(5) Es cierto que la profesora (tener　　　　) dos hijos.

**5** 例にならって命令文にしよう。

Ej.) Tienen que subir por la escalera. → Suban por la escalera.

(1) Usted debe hablar más despacio.

(2) No tienes que tener miedo.

(3) No debéis poneros el abrigo aquí.

(4) Ustedes pueden comérselo todo.

(5) No pueden tirar de la puerta. Tienen que empujarla.

例文の太字部分に指定の語を当てはめて、全文を書きかえよう。

**1** 🎧 158

A: ¿Cree **María** que **su novio dice la verdad?**

B: No, no cree que **su novio diga la verdad.**

(1) David, su madre, mentirle

A: ¿(       ) David (       ) (       ) (       ) (       ) (       )?

B: No, (       ) (       ) que (       ) (       ) (       ) (       ).

(2) tú, tus colegas, confiar en ella

**2** 🎧 159

A: ¿Qué **espera** Susana?

B: Espera que **su abuelo salga pronto del hospital.**

(1) esperar, su sobrina, recuperarse pronto

A: ¿(       ) (       ) Susana?

B: (       ) (       ) su (       ) (       ) (       ) pronto.

(2) querer, sus tíos, alojarse en un hotel de cinco estrellas

**3** 🎧 160

A: Me alegro mucho de **verte.**

B: Me alegro mucho de que **estés aquí conmigo.**

(1) volver a verte, trabajar (nosotros) juntos de nuevo

A: (       ) (       ) mucho (       ) (       ) a (       ).

B: (       ) (       ) mucho (       ) (       ) (       ) juntos

(       ) (       ).

(2) haber vuelto a casa, haber superado (tú) la enfermedad

**4** 🎧 161

A: Es **mejor** que **camines con cuidado.**

B: Estoy de acuerdo contigo.

(1) importante, mirarlo (tú) con detenimiento

A: (       ) (       ) que (       ) (       ) con (       ).

B: (       ) de (       ) (       ).

(2) necesario, encender el aire acondicionado

**5**

162

A: ¿Conoces a alguien que **hable japonés**?

B: No, no conozco a nadie que hable japonés.

(1) querer practicar español

A. ¿(       ) a alguien (       ) (        ) (         ) español?

B: No, (     ) (       ) a (      ) que (      ) (        ) español.

(2) ser bueno en matemáticas

**6**

163

A: ¿Hay algo que **quieras decir**?

B: No, no hay nada que quiera decir.

(1) querer saber

A: ¿(     ) (      ) que (       ) (      )?

B: No, (     ) (      ) (       ) que (      ) (      ).

(2) gustarte

**7**

164

A: ¿Para qué quieres comprar **una enciclopedia**?

B: Quiero comprarla para que **Juanito aprenda más cosas**.

(1) un móvil, mi novio, llamarme con más frecuencia

A: ¿(     ) (      ) (       ) comprar (     ) (      )?

B: (      ) (        ) (      ) que mi (      ) (     )

(      ) con más frecuencia.

(2) un diccionario electrónico, nuestros alumnos, consultar palabras más rápido

**8**

165

A: ¿Cuándo **lo llamo (a usted)**?

B: Llámeme cuando pueda.

(1) visitarlo (yo)

A: ¿(      ) (     ) (       )?

B: (       ) cuando (      ).

(2) invitarlo (nosotros) a casa

166

(En la calle)

**Don José:** Perdone, me gustaría ir al hospital general. ¿Podría decirme cómo llegar?

**Señor:** Lo siento, pero no sé dónde está el hospital general.

**Señora:** Yo sí lo sé. Vaya recto por esta calle y gire en la segunda calle a la derecha.

**Don José:** Espere un momento, que voy a anotarlo... Ya.

**Señora:** Siga bajando por la calle unos 5 minutos, y encontrará el hospital general.

**Don José:** Muchísimas gracias, es usted muy amable.

**Señora:** No es nada. ¡Que tenga un buen día!

**Don José:** Igualmente.


(En el hospital)

**Don José:** Buenos días, doctor.

**Doctor:** Buenos días. Pase adelante, por favor. ¿Qué tiene?

**Don José:** No me siento bien últimamente. Tengo fiebre y dolor de cabeza desde ayer.

**Doctor:** Abra la boca, por favor.

**Don José:** Sí. Ahhh...

**Doctor:** ¿No ha tenido tos?

**Don José:** Sí, un poco. Y me duele la garganta.

**Doctor:** Puede que tenga gripe. Le receto un jarabe. Tiene que tomarlo tres veces al día.

**Don José:** Gracias, doctor.


**1** ¡A contestar!

(1) ¿A dónde le gustaría ir a don José?

(2) ¿Qué pide don José al señor?

(3) ¿Qué sabe la señora?

(4) ¿Para qué pide don José a la señora que espere un momento?

(5) ¿Qué síntomas tiene don José?

(6) ¿Cuántas veces al día tiene que tomar el jarabe don José?

167

**2** ¡A escuchar! 音声を聞き、空欄を埋めよう。本文の内容に合うものには Verdadero、合わないものには Falso と書こう。

(1) Don José (               ) llegar (       ) hospital (         ) ayuda de

    (         ).

               【        】

(2) Don José (      ) recto por la calle y (       ) en la (        ) calle a

    la (        ).

               【        】

(3) (          ) (     ) la ayuda del (         ), don José puede

    (       ) al hospital.

               【        】

(4) Don José (         ) síntomas (       ) indican una (       ).

               【        】

## UN POQUITO MÁS

友人の Lucas が José にメールを送りました。

168

> Querido José:
>
> ¡Hola! Mi mujer me contó que últimamente no te encuentras bien y estoy preocupado por ti. ¿Has ido al médico? No, ¿verdad? Siempre odiabas ir al médico, pero, si no te encuentras bien de verdad, es mejor que vayas al médico. Por favor, hazme caso. Y como tú también sabrás, es necesario que dejes de fumar ya. Te digo todo esto por tu bien. Espero que me escribas o llames cuando puedas.
>
> Saludos,
>
> Lucas

**1** Contesta a las preguntas con los verbos. 動詞を用いて質問に答えよう。

(1) ¿Qué le preguntó Lucas a José?

(2) Según Lucas, ¿qué es necesario para que José se encuentre mejor?

(3) ¿Qué espera Lucas?

# Lección 12

**1. 接続法現在完了** Pretérito perfecto compuesto de subjuntivo

169

1) 活用　haber の接続法現在形＋過去分詞

| estar | | levantarse | |
|---|---|---|---|
| haya estado | hayamos estado | me **haya** levantado | nos **hayamos** levantado |
| hayas estado | hayáis estado | te **hayas** levantado | os **hayáis** levantado |
| haya estado | hayan estado | se **haya** levantado | se **hayan** levantado |

2) 用法　接続法が用いられる文で、主節の動詞が現在である場合、現在までに完了している行為や状態を表す。

No creo que Marcelo **haya dejado** de fumar.

Nos alegramos de que todos **hayan aprobado**.

**2. 接続法過去** Pretérito imperfecto de subjuntivo

170

1) 活用

-ra 形と -se 形があり、直説法点過去 3 人称複数形から語尾の -ron をとって語尾をつける。

-ra 形

| hablar (hablaron) | | beber (bebieron) | | vivir (vivieron) | |
|---|---|---|---|---|---|
| hablara | habláramos | bebiera | bebiéramos | viviera | viviéramos |
| hablaras | hablarais | bebieras | bebierais | vivieras | vivierais |
| hablara | hablaran | bebiera | bebieran | viviera | vivieran |

-se 形

| hablar | | beber | | vivir | |
|---|---|---|---|---|---|
| hablase | hablásemos | bebiese | bebiésemos | viviese | viviésemos |
| hablases | hablaseis | bebieses | bebieseis | vivieses | vivieseis |
| hablase | hablasen | bebiese | bebiesen | viviese | viviesen |

estar ( estuvieron ) estuviera / estuvieras...　　ser, ir ( fueron ) fuera / fuese...

poder ( pudieron ) pudiera / pudiese...　　querer ( quisieron ) quisiera / quisiese...

tener ( tuvieron ) tuviera / tuviese...　　sentir ( sintieron ) sintiera / sintiese...

2) 用法

① 接続法が用いられる文で、主節の動詞が直説法点過去・線過去・過去未来である場合、従属節は接続法過去を用いる。

Fue una lástima que **hubiera** un apagón en la fiesta.

Quería que **tuvieras** más confianza en ti mismo.

¿Sería posible que **habláramos** dentro?

② 婉曲表現（-ra 形のみ）**Quisiera** saber si es necesario hacer reserva.

**3. 接続法過去完了** Pretérito pluscuamperfecto de subjuntivo

171 1) 活用　haber の接続法過去形＋過去分詞

| estar | |
|---|---|
| hubiera　/ hubiese　estado | hubiéramos / hubiésemos　estado |
| hubieras / hubieses　estado | hubierais　　/ hubieseis　　estado |
| hubiera　/ hubiese　estado | hubieran　　/ hubiesen　　estado |

2) 用法　接続法が用いられる文で、主節の動詞が過去である場合、その時点よりも前に完了している行為や状態を表す。

Se lamentaba todo el día de que **hubiera venido** muy poca gente a su conferencia.

Me sorprendí de que **hubieras aceptado** esa propuesta.

**4. 条件文** Oraciones condicionales

172 1) 現実的条件文　　現在または未来に実現する可能性がある事柄を述べる場合

si ＋直説法現在 , 直説法現在 / 直説法未来 / 命令形 .

**Si** tengo tiempo, te ayudo.

**Si** hablas claramente, te entenderán mejor.

**Si** tienen alguna pregunta, levanten la mano.

2) 非現実的条件文

① 反事実

・現在の事実に反する事柄を述べる場合

si ＋接続法過去 , 直説法過去未来 .

**Si** yo fuera tú, no tomaría tal actitud.

**Si** estuviera con él, sería divertido.

・過去の事実に反する事柄を述べる場合

si ＋接続法過去完了 , 直説法過去未来完了 .

**Si** me hubieras avisado, habría ido contigo.

**Si** no hubiera entrado en esta universidad, no habría conocido a mis amigos.

② 実現困難

現在・未来の実現が難しい事柄について述べる場合

si ＋接続法過去 , 直説法過去未来 .

**Si** tuviera más dinero, viajaría por toda Latinoamérica.

**Si** me tocara la lotería, les regalaría una casa muy grande a mis padres.

## Repaso

**1** ( ) 内の動詞を接続法現在完了にしよう。

(1) Mi madre se alegra de que (tener: yo                              ) éxito.

(2) Es posible que Susana (terminar                              ) sus trabajos.

(3) El profesor espera que (entender: nosotros                              ) bien su clase de hoy.

(4) No es verdad que te (olvidar: ella                              ).

**2** ( ) 内の動詞を接続法過去にしよう。

(1) Esperaba que me (dar: ellos                    ) un regalo de cumpleaños.

(2) No creí que el vuelo de Geraldo (llegar                    ) a las dos.

(3) (querer: nosotros                    ) hablar con usted.

(4) No había nadie que (poder                    ) entenderme.

**3** ( ) 内の動詞を接続法過去完了にしよう。

(1) Me sorprendí de que me (llamar: tú                    ) desde Argentina.

(2) No sabía que Yolanda (estar                    ) en Japón tres veces.

(3) Era probable que (cambiar: yo                    ) la contraseña de esa página web.

**4** 日本語に合うように、( ) 内の動詞を適切な形にして条件文を完成させよう。

(1) もし時間通りに着いたら君に会いに行くよ。

Si (llegar                    ) a tiempo, voy a verte.

(2) もし君が私なら何をする？

Si (ser                    ) yo, ¿qué harías?

(3) もし昨日天気がよかったら海へ行ったのに。

Si (hacer                    ) buen tiempo ayer, habría ido a la playa.

Catedral de Granada

## Ejercicios gramaticales

**1** ( ) 内の動詞を接続法現在完了にしよう。

(1) Me extraña que el paquete todavía no (llegar                         ).

(2) No me parece que lo (hacer: ellos                         ) con mala intención.

(3) Esperamos que la operación (salir                         ) bien.

(4) Es normal que no (maquillarse: tú                         ) demasiado para
　　la entrevista.

(5) No creemos que nuestros hijos (romper                         ) esta máquina.

**2** ( ) 内の動詞を接続法過去にしよう。

(1) Mi padre me dijo que (volver                 ) a casa a tiempo.

(2) Nos pidió que (traer             ) todos los ingredientes.

(3) ¿En aquel entonces había alguien que (ir                 ) a la escuela privada?

(4) Me gustaría que (contestar: tú                 ) a la encuesta.

(5) (querer: yo             ) hablar con el responsable de la empresa.

**3** ( ) 内の動詞を接続法過去完了にしよう。

(1) No creímos que os (gustar                         ) la película.

(2) Queríamos que nos (explicar: él                         ) el problema antes de
　　la reunión.

(3) Sentimos mucho que (morir                         ) ese gran dirigente.

(4) Me encantaría que me lo (preguntar; tú                         ) antes.

**4** ( ) 内の動詞を適切な形にして、現実的条件文を完成させよう。

(1) Si (acostarse: tú                 ) más temprano, no te levantas tarde.

(2) Si no (aceptar: nosotros                 ) su condición, se enfadará con nosotros.

(3) Si te (doler             ) la cabeza, toma una aspirina.

(4) Si ella no (querer                 ) que vayamos, nos quedaremos aquí.

**5** ( ) 内の動詞を時制に注意して適切な形にし、非現実的条件文を完成させよう。

(1) Si (haber                 ) más ejercicios, entendería mejor el uso del subjuntivo.

(2) No sabía nada de su baja.
　　Si la (saber: yo                 ), te la habría dicho antes.

(3) Si (tener: tú                 ) el pelo largo, te compraría esta horquilla.

(4) Si yo (ser                 ) un actor, representaría ese papel.

例文の太字部分に指定の語を当てはめて、全文を書きかえよう。

**1**　173

> A: ¿Crees que **Miguel ha llegado al hotel**?
> B: No, no creo que haya llegado al hotel.
> 　(Días después...)
> A: ¿Creías que Miguel había llegado al hotel?
> B: No, no creía que hubiera llegado al hotel.

(1) Nuria, haber salido del hospital

A: ¿(　　　) (　　　　) Nuria (　　　) (　　　　) del hospital?

B: No, (　　　) (　　　) que (　　　) (　　　　) del hospital.

A: ¿(　　　) (　　　　) Nuria (　　　) (　　　) del hospital?

B: No, (　　　) (　　　) que (　　　) (　　　　) del hospital.

(2) tus compañeros, haber encontrado la llave

**2**　174

> A: ¿Pensaste que **Juliana estaba allí**?
> B: No, no pensé que estuviera allí.

(1) Beatriz, saber la solución

A: ¿(　　　　) que Beatriz (　　　) la (　　　　)?

B: No, (　　　) (　　　　) que (　　　　) la (　　　　).

(2) Hugo, ser capaz de hacerlo

**3**　175

> A: ¿Qué querías que hiciera (yo)?
> B: Quería que **vinieras conmigo**.

(1) ayudarme más

A: ¿(　　　) (　　　　) que (　　　　)?

B: (　　　　) que (　　　) (　　　　) más.

(2) hacerme caso

**4**　176

> A: ¿Tus hijos **jugaron el partido**?
> B: Sí, fue genial que jugaran el partido.

(1) llegar a tiempo a la cita

A: ¿Tus (　　　　) (　　　　　　) a (　　　　　) a la (　　　　)?

B: Sí, (　　　) (　　　　　) que (　　　　) a (　　　　) a la (　　　　).

(2) marcar goles

---

**5**　🎧 177

A: Emilia no **vino a la fiesta.**

B: No. Fue **una lástima** que no viniera.

(1) no aprobar el examen, una lástima

　　A: Emilia no (　　　　) el (　　　　　).

　　B: (　　　). (　　　　) una (　　　　　) que (　　　) (　　　　　　).

(2) no tener éxito en su último intento, una pena

---

**6**　🎧 178

A: ¿Qué harías si **vivieras cerca del mar?**

B: Si viviera cerca del mar, **pasearía por la playa todas las mañanas.**

(1) vivir más lejos de la universidad, levantarme muy temprano todos los días

　　A: ¿(　　　) (　　　　　) si (　　　　) más (　　　　) de la (　　　　　　)?

　　B: Si (　　　　　) más (　　　　) de la (　　　　), (　　　　)

　　　(　　　　　) muy temprano (　　　　) los días.

(2) tener que elegir una opción, consultarlo a mi mejor amigo

---

**7**　🎧 179

A: Si tú fueras yo, ¿qué harías?

B: Si yo fuera tú, **llamaría a tus padres ahora mismo.**

(1) yo, aceptarlo sin pensarlo dos veces

　　A: (　　　) tú (　　　　) yo, ¿(　　　) (　　　　　)?

　　B: (　　　) yo (　　　　) tú, (　　　) (　　　　　) sin (　　　　) dos veces.

(2) tu hermano, pedirle disculpas a ella

---

**8**　🎧 180

A: Si tú estuvieras en **mi lugar,** ¿qué harías?

B: Si yo estuviera en tu lugar, **hablaría con el dueño.**

(1) el lugar de mi hermana, enfadarme como nunca

　　A: (　　) tú (　　　　) en el lugar de (　　) (　　　　), ¿(　　) (　　　　)?

　　B: (　　) yo (　　　　) en (　　) (　　　), (　　) (　　　　) como nunca.

(2) el lugar de aquel chico, no tomar esa decisión

## DIÁLOGO

181

**Carmen:** ¡Hola! ¡Qué casualidad! ¿Qué haces por aquí?

**Joaquín:** ¡Hola! Acabo de comprar un boleto de lotería en esa esquina.

**Carmen:** Yo compré uno ayer. No creo que me toque, pero me gusta comprar.

**Joaquín:** Te entiendo. Comprar lotería es como comprar una ilusión, ¿no?

**Carmen:** ¡Tienes razón! Oye, ¿qué harías si te tocara la lotería?

**Joaquín:** ¡Seguro que me compraría un coche de lujo! ¿Y tú?

**Carmen:** Uhm... a mí me gusta viajar, así que daría una vuelta al mundo en un crucero.

**Joaquín:** ¡Qué buena idea! También me gustaría comprar una isla en el Pacífico Sur para que mis padres y mis amigos puedan pasar las vacaciones.

**Carmen:** ¡Qué bonito! Yo me compraría también una avioneta privada.

**Joaquín:** Sería maravilloso hacer un viaje por el espacio...

**Carmen:** De pequeño soñabas con ser astronauta, ¿verdad?

**Joaquín:** Sí. Bueno... ¡Me siento como si fuera niño otra vez!

**1** ¡A contestar!　質問に答えよう。

(1) ¿Qué compró Carmen el día anterior de este encuentro?

(2) ¿Carmen espera que le toque de verdad?

(3) ¿Ya había comprado Joaquín la lotería cuando se encontraron por casualidad?

(4) ¿Se sabe lo que hacía Carmen cuando se encontraron los dos?

(5) ¿Qué haría Carmen en un crucero si le tocara la lotería?

(6) ¿Qué quería ser Joaquín cuando era niño?

🎧 **2** ¡A escuchar!　音声を聞いて質問を書きとり、スペイン語で答えよう。

182

(1) ¿_____ Carmen y Joaquín?

_____

(2) ¿_____?

_____

(3) ¿_____?

_____

(4) ¿_____ Joaquín _____?

_____

## UN POQUITO MÁS

**1** それぞれの条件文に適切な帰結節を指定の語句を使って作文しよう。

(1) Si hace frío mañana, _____.

「（しっかり着込んで）暖かくしてね。」

abrigarse bien

(2) Si hiciera calor, _____.

「私はジャケットを脱ぐだろう。」

quitarse la chaqueta

(3) Si llueve mañana, _____.

「傘を持って行くのを忘れないでね。」

no olvidarse de llevar un paraguas

(4) Si lloviera ahora, _____.

「私は傘なしで公園を散歩していないだろう。」

no estar paseando por el parque sin paraguas

(5) Si hubiera hecho sol, _____.

「私はサングラスをかけていただろう。」

ponerse las gafas de sol

(6) Si no hubiera llovido, _____.

「私たちは遠足に出かけていただろう。」

irse de excursión

# Ejercicios adicionales de gramática

## Introducción

**1** 次の名称をアルファベットで書こう。

(1) a – ene – a

(2) jota – u – a – ene

(3) ce – a – erre – eme – e – ene

(4) de – a – uve – i – de

(5) i – ese – a – be – e – ele

(6) eme – i – ge – u – e – ele

(7) ce- e- ce- i – ele – i – a

(8) erre – a – eme – o acento – ene

(9) ceta – a- hache – i – erre – a

(10) e – ene – erre – i – cu – u – e

**2** 下線部が異なる発音のものを選ぼう。

(1) girasol      hielo      cojín          México

(2) río          barrio     safari         sonrisa

(3) queso        kétchup    cara           cebolla

(4) mayo         calle      lluvia         rey

**3** アクセントのある母音を〇で囲もう。

(1) España        (2) Cuba         (3) Argentina      (4) Chile

(5) Puerto Rico   (6) Honduras     (7) Guatemala      (8) Ecuador

(9) Panamá        (10) Perú        (11) Costa Rica    (12) Colombia

(13) Bolivia      (14) Nicaragua   (15) El Salvador   (16) Venezuela

(17) México       (18) Uruguay     (19) Paraguay

(20) República Dominicana          (21) Guinea Ecuatorial

**4** 次の語句を人称代名詞に書きかえよう。

(1) Manuel        (2) Juana y María        (3) Raquel y tú

(4) ella y yo     (5) Yolanda y usted      (6) madre de Inés

## Lección 1

**❶ 単数形を複数形に、複数形を単数形にしよう。**

(1) revista      (2) sobrinos      (3) universidad      (4) móviles      (5) lápiz

(6) franceses      (7) reloj      (8) autobús      (9) vacaciones      (10) joven

**❷ 次の名詞に指定された冠詞をつけ、それぞれ複数形にしよう。**

(1) (不定冠詞      ) hora      (2) (定冠詞      ) número      (3) (不定冠詞      ) periódico

(4) (定冠詞      ) alemán      (5) (不定冠詞      ) semana      (6) (定冠詞      ) mano

(7) (定冠詞      ) español      (8) (不定冠詞      ) dedo      (9) (定冠詞      ) avión

**❸ 形容詞を必要があれば適切な形にし、意味を答えよう。**

(1) una maleta (rojo)      (2) el abrigo (azul)      (3) los pantalones (gris)

(4) un (grande) pianista      (5) una (bueno) persona      (6) (mucho) fotos

**❹ ( ) 内の語を適切な形にしよう。**

(1) (私の) número de estudiante      (2) (君たちの) piso      (3) (あなたの) idea

(4) (彼の) calcetines      (5) (君の) compañeros      (6) (私たちの) habitaciones

(7) (彼女らの) vecino      (8) (私の) cumpleaños      (9) (あなたたちの) opinión

**❺ ser を適切な形にしよう。**

(1) ¿De dónde (      ) ustedes?      (2) Ella (      ) inglesa y yo (      ) portugués.

(3) Su pañuelo (      ) de seda.      (4) Eduardo y yo (      ) camareros.

(5) (yo      ) de la Facultad de Derecho.      (6) El coche nuevo (      ) caro.

(7) Carlos y tú (      ) delgados.      (8) Nuestra universidad (      ) grande y
moderna.

**❻ estar を適切な形にしよう。**

(1) (yo      ) preocupado por el examen.      (2) Los bares (      ) abiertos ahora.

(3) Ricardo (      ) de vacaciones ahora.      (4) Hoy los huevos (      ) baratos.

(5) María (      ) pálida porque (      ) enferma.      (6) El café (      ) caliente.

**❼ ( ) には ser または estar を適切な形にし、下線部を問う疑問文を書こう。**

(1) Mi novio (      ) <u>resfriado</u>.

(2) Nuestro profesor (      ) <u>inteligente y alegre</u>.

(3) (nosotros      ) de <u>Sevilla</u>.

(4) El número de estudiante de Maite (      ) <u>233070</u>.

## Lección 2

**❶** ( ) 内をスペイン語にしよう。

(1) (その            ) chaqueta es de Javier.

(2) (この            ) gafas son nuevas y cómodas.

(3) (あの            ) falda azul es de última moda.

(4) ¿Qué es (これ            )? —Es un bolso pequeño.

(5) (あの            ) plato es de cristal y (それ) es de cerámica.

(6) (あれら            ) son Leticia y Leonor.

**❷** [ ] には所有詞前置形を、( ) には（定冠詞＋）所有詞後置形を書こう。

(1) [私の      ] cumpleaños y (君の      )        (2) [私の      ] padres y (あなたの        )

(3) [君の      ] zapatillas y (彼の      )        (4) [君たちの      ] país y (彼らの        )

(5) Aquellas mochilas son (私たちの    ). ¿Cuáles son las (君たちの    )?

**❸** estar を適切な形にしよう。

(1) ¿Qué tal (vosotros            )? —(            ) muy bien.

(2) ¿Dónde (          ) la profesora? —(            ) en su despacho.

(3) Su piso (          ) lejos de aquí. Son treinta minutos a pie.

(4) Nuestro hijo (          ) a la izquierda del profesor. ¿Dónde (            ) los vuestros?

(5) El bar de Adrián (            ) cerca de la Plaza Mayor. Siempre (            ) lleno de clientes.

**❹** ( ) 内に hay または estar を適切な形にして書こう。

(1) ¿Qué (          ) en tu bolso? —(            ) un pañuelo, una agenda, un móvil y una llave.

(2) ¿Dónde (          ) tus libros? —(            ) en la estantería.

(3) ¿Cuántos ordenadores (          ) en la oficina? —(          ) unos 70 o más.

(4) ¿(          ) un hospital por aquí?

    —Sí, (          ) uno. (            ) enfrente de la oficina de correos.

**❺** 次の数字あるいは序数詞の読み方を書こう。

(1) Isabel I (            ) y Fernando II (            ) son los Reyes Católicos.

(2) El actual rey de España es Felipe VI (          ). Es hijo de Juan Carlos I (          ).

(3) La entrevista es el (1°          ) de mayo, en el (5°          ) piso.

(4) En la (2ª          ) planta hay tiendas de ropa para niños y en la (3ª            ) hay muchos restaurantes.

# Ejercicios adicionales de gramática

**❻** 不定語または否定語を用いて、会話を完成させよう。

(1) ¿Hay (　　　　　　　　) para la merienda? —No, ahora no hay (　　　　　　).

(2) En esta caja no hay (　　　　　　) y en esa hay unas galletas.

(3) ¿Hay (　　　　　　) en la pista? —No, no hay (　　　　　　). Todos están en el gimnasio.

**❼** [　]に日本語に合う疑問詞を、(　)には hay、または ser を適切な形にして書こう。

(1) ¿De [何　　　　　] (　　　　　　　　) sus zapatos?

　—(　　　　　　　) de cuero.

(2) ¿[いくつ　　　　] niños (　　　　　　　) en el colegio?

　—(　　　　　　　) unos cuatrocientos niños.

(3) ¿De [誰　　　　] (　　　　　　　) estos guantes?

　—(　　　　　　) de Sandra.

(4) ¿ [いつ　　　　] (　　　　　　　) el viaje?

　—(　　　　　　　) de lunes a viernes.

(5) ¿[誰　　　　] (　　　　　　　) aquellos chicos?

　—(　　　　　　) Julio y Ernesto.

(6) ¿ [いくつ　　　] (vosotros　　　　　) en vuestra familia?

　—(　　　　　　) cinco, mis padres, hermanos y yo.

**❽** (　)には ser または estar を適切な形、または hay を入れ、下線部を問う疑問文を書こう。

(1) En esta sala (　　　　　) <u>50 personas</u>.

(2) La fiesta (　　　　　) <u>mañana por la noche</u>.

(3) El sombrero (　　　　) de <u>Maite</u>.

(4) Aquel señor (　　　　) <u>nuestro profesor</u>.

Plaza de Isabel la Católica

**1** ( ) に選択肢から適切な動詞を選び、活用させよう。

| comprar, | terminar, | subir, | comprender, | recibir, | llevar |
|---|---|---|---|---|---|

(1) La clase (　　　　　) por la tarde.

(2) (nosotros　　　　　) frutas en el mercado.

(3) Ella (　　　　) la maleta en la mano.

(4) (yo　　　　) una carta de mi madre.

(5) Mi abuela (　　　　　) por la escalera en la estación.

(6) ¿(vosotros　　　　　) italiano? —No, porque somos de Holanda.

**2** ( ) 内の動詞を適切な形にし、[ ] に必要であれば a(al) を、なければ × を書こう。

(1) (esperar: nosotros　　　　　) [　] Juana en una cafetería.

(2) Los profesores (explicar　　　　　) [　] el sentido de palabras [　] sus alumnos.

(3) (mandar: yo　　　　) [　] un regalo [　] mi amigo.

(4) ¿(dejar: tú　　　　) [　] el diccionario [　] tu compañero?

(5) Teresa (invitar　　　　　) [　] profesor Sánchez a su casa.

**3** ( ) に選択肢から適切な動詞を選び、活用させよう。

| salir, | hacer, | saber, | ver, | conocer, | poner |
|---|---|---|---|---|---|

(1) Los niños (　　　　　) al pasillo durante el recreo.

(2) ¿(vosotros　　　　　) algo desde aquí?

(3) No (yo　　　　) el número de teléfono de Marta.

(4) (yo　　　) azúcar en el café.

(5) Mi padre (　　　　　) muebles nuevos los fines de semana.

(6) No (yo　　　) a nadie en esta ciudad.

**4** ( ) の動詞を活用させ、[ ] に適切な接続詞を書こう。

(1) ¿Qué idioma (hablar: tú　　　　　　)? —(　　　　　) japonés, español
　　[　　　　　] inglés.

(2) Ella (trabajar　　　　　) siete [　　　　　] ocho horas.

(3) No (comprender: yo　　　　　) chino, [　　　　　] ella sí.

(4) [　　　　　] hay mucha gente en el comedor, a veces (comer: nosotros
　　　　　) en el aula.

**5** ( ) の動詞を活用させ、[ ] には適切な不定語または否定語を書こう。

(1) ¿(esperar: tú                ) a [         ] amigo?

   —No, no (             ) a [       ].

(2) ¿Por aquí (haber          ) [         ] clínica?

   —No, no (            ) [       ].

(3) ¿[         ] practica fútbol?

—No, [      ] (            ).

**6** [ ] に a または適切な定冠詞を入れ、( ) をスペイン語にしよう。

(1) ¿A cuántos estamos hoy? —Estamos [     ] (7月19日                ).

(2) ¿Qué hora es? —Son [    ] (5時20分            ).

(3) ¿Cuándo es el examen? —Es [    ] (8月1日            ).

(4) ¿A qué hora sales de casa?

   —Salgo [    ] [     ] (2時50分               ) de la tarde.

**7** ( ) 内をスペイン語にし、( ) 内が解答となるように適切な疑問文を書こう。

(1) La fiesta es (4月30日              ).

(2) Veo una telenovela (12時30分               ).

(3) Son (11時              ) en punto.

(4) Estamos a (3月16日             ).

El Rastro de Madrid
(el mercado de pulgas más grande de España)

**1** (　) に選択肢から動詞を選び、適切な形にしよう（2回以上使用するものもある）。

| volver,  seguir,  empezar,  cerrar,  encontrar,  dormir,   poder,  repetir |

(1) (nosotros 　　　　　　　 ) a estudiar español desde abril.

(2) Mi padre ( 　　　　　　 ) a casa tarde todos los días porque su tienda ( 　　　　　 )

　　a las diez de la noche.

(3) ¿Sabes dónde está mi maleta? No la (yo 　　　　　　 ).

(4) ¿Cuántas horas (vosotros 　　　　　　 ) al día?

　　—Yo ( 　　　　　 ) siete horas y ella cinco horas.

(5) ¿(tú 　　　　　 ) ( 　　　　　　　 ) la pregunta? —Sí, claro.

(6) La temporada de lluvias ( 　　　　　　 ) hasta mediados de julio.

(7) ¿Dónde (yo 　　　　　 ) dejar el equipaje? —En la recepción.

**2** (　) 内に muy あるいは mucho の適切な形を、また [　] 内の形容詞を副詞にしよう。

(1) Siempre hay ( 　　　　　　 ) turistas por aquí.

(2) Ella está ( 　　　　　 ) preocupada por la entrevista de mañana.

(3) [normal 　　　　　　　　 ] mi hermano mayor vuelve ( 　　　　　 )

　　tarde.

(4) El profesor habla ( 　　　　　 ) bien el alemán y entiende

　　[perfecto 　　　　　　 ] el holandés.

(5) Enrique duerme ( 　　　　　　 ) los sábados porque está ( 　　　　　 )

　　cansado.

(6) Ahora no tengo ( 　　　　 ) tiempo. Mañana podemos hablar

　　[tranquilo 　　　　　　 ].

(7) En esta ciudad viven ( 　　　　　 ) personas de origen alemán.

(8) Creo que comer ( 　　　　 ) rápido es ( 　　　　　 ) malo para la salud.

(9) Su proyecto es ( 　　　　 ) teórico. Es [práctico 　　　　　　 ] imposible

　　realizarlo.

**3** (　) に選択肢から動詞を選び、適切な形にしよう（2回以上使用する語もある）。

| oír,　decir,　tener,　venir,　ir |

(1) El periódico ( 　　　　　 ) que ( 　　　　　　 ) a aumentar el salario mínimo.

(2) (nosotros 　　　　　 ) un ruido extraño en la calle.

(3) Este hotel ( 　　　　　 ) 20 habitaciones sencillas y 15 dobles.

(4) ¿Me esperas aquí? Ahora (yo 　　　　　 ).

(5) Mañana ( 　　　　　 ) tiempo disponible.

# Ejercicios adicionales de gramática

**4** ( ) 内に適切な直接目的格人称代名詞、あるいは間接目的格人称代名詞を書こう。

(1) Cuando no entiendo una palabra, (　　) consulto en el diccionario.

(2) Necesito un ordenador para hacer la tarea. Por suerte mi amigo (　　) (　　) presta.

(3) Ernesto prepara un paquete para su madre. (　　) (　　) envía por correo.

(4) ¿Me llamas después? —Sí, (　　) llamo después de la reunión.

(5) ¿Violeta os compra regalos de cumpleaños? —No, no (　　) (　　) compra.

**5** 下線部を直接目的格人称代名詞、波線部を間接目的格人称代名詞にして、答えとなる文を書こう。

(1) ¿Me llevas <u>el paraguas</u>?

　　—Sí, _____ enseguida.

(2) ¿Tu madre te hace <u>la cena</u>?

　　—No, mi madre no _____ .

(3) ¿Inés comunica <u>los problemas</u> a su jefe?

　　—Sí, _____ .

(4) ¿Puede usted decirme <u>su dirección</u>?

　　—Sí, _____ .

(5) ¿Tienes que enseñar <u>las fotos del viaje</u> a tu madre?

　　—No, _____ .

Catedral de Sevilla y tumba de Cristóbal Colón

# Lección 5

**❶ (  ) 内に適切な前置詞格人称代名詞を書こう。**

(1) Mi hermano menor siempre cuenta con (彼ら                ).

(2) Esto depende de (君             ).

(3) Nuestra abuela siempre piensa en (私たち                ).

(4) El perro está junto a (私             ).

(5) No queremos jugar al baloncesto contra (彼               ).

(6) Estoy orgulloso de (あなた              ).

**❷ 日本語に合うように、[  ] 内には適切な語を、(  ) には gustar 型動詞を適切な形にして書こう。**

(1) 私たちはこの歌が好きだ。[          ] (                 ) esta canción.

(2) 君は赤いバラが大好きだ。 [          ] (                 ) mucho las rosas rojas.

(3) 私たちは君の青いバッグが大好きだ。[          ] (                 ) tu bolsa azul.

(4) 彼は読書に興味がない。No [          ] (                 ) leer.

(5) 彼らは旅行するお金がない。[          ] (                 ) dinero para viajar.

(6) 君は私と出かけたい？¿ [          ] (                 ) salir conmigo?

(7) 私の母は背中を痛がっている。A mi madre [          ] (                 ) la espalda.

(8) 私たちにはあまりお金が残っていない。No [          ] (                 ) mucho dinero.

(9) 私には勉強する時間が足りない。だって長時間働いているから。

　　　[          ] (                 ) tiempo para estudiar. Es que trabajo muchas horas.

(10) （君には）通りの騒音がうるさくない？

　　　¿No [          ] (                 ) el ruido de la calle?

**❸ 間接疑問文を完成させよう。**

(1) ¿Hay un examen mañana?

　　　→ Queremos saber _____.

(2) ¿Qué vas a cenar?

　　　→ Te pregunto _____.

(3) ¿Cómo funciona el negocio?

　　　→ Mi compañero no sabe _____.

(4) ¿De quién es ese móvil?

　　　→ No recordamos _____.

(5) ¿Para qué sirve esto?

　　　→ No entiendo _____.

114

**4** ( ) 内に適切な語を入れて、感嘆文にしよう。

(1) ¡(　　　　　　) raro!

(2) ¡(　　　　　　) casualidad!

(3) ¡(　　　　　　) lástima!

(4) ¡(　　　　　　) gente hay en la plaza!

(5) ¡(　　　　　) niño tan inteligente!

(6) ¡(　　　　　　) duermes!

**5** 感嘆文にしよう。

(1) Eres muy simpática. → _____

(2) Fernando llega muy tarde. → _____

(3) Es un gato muy bonito. → _____

(4) Son joyas muy caras. → _____

(5) Hay muchos conocidos en la fiesta. → _____

(6) Ella tarda mucho en terminar el trabajo. → _____

Placa homenaje a clásicos de la literatura española
(Barrio de las Letras, Madrid)

**❶** (　) 内の再帰動詞を適切な形にしよう。

(1) Mi padre (vestirse                 ) después de desayunar.

(2) Adolfo (ducharse              ) todas las mañanas y

(bañarse             ) una vez a la semana.

(3) (sentirse: yo           ) un poco mal.

(4) (cortarse: ella          ) el pelo cada dos meses.

(5) Los niños (repartirse          ) los dulces.

(6) ¡Pepe, cuánto tiempo! (alegrarse: yo          ) de verte.

(7) Cuando (enfadarse: ella          ),

(sentirse: yo          ) mal.

(8) (acostumbrarse: nosotros          ) a vivir con mascarilla.

(9) Víctor (graduarse          ) de la universidad y

(irse          ) a Barcelona a trabajar.

(10) Intento (alejarse          ) de mis amigos para

(concentrarse          ) en los estudios.

(11) No (darse: yo     ) cuenta del problema.

(12) Ricardo (arrepentirse          ) de pelear con su novia.

(13) Mi perro es muy bueno, así que puedes (acercarse          )

sin miedo.

**❷** (　) に選択肢から動詞を選び、適切な形にしよう。

> levantarse, quedarse, ponerse, irse, lavarse, sentarse, vestirse

(1) (yo          ) la chaqueta para la entrevista.

(2) ¿Dónde (nosotros          )? —Allí, en la primera fila.

(3) José (          ) temprano para hacer el desayuno de sus hijos.

(4) Mientras (tú          ) en el probador, yo (       ) fuera.

(5) Tienes que (          ) las manos antes y después de preparar la comida.

(6) Queremos (          ) de vacaciones a un lugar tranquilo.

Vista panorámica de Cádiz

**❸** 無人称表現になるように、( ) に選択肢から動詞を選び、適切な形にしよう。

| tardarse, llegarse, hacer, decir, preguntar, poderse |

(1) Me ( ) si voy a asistir a clase esta tarde.

(2) ( ) que hay un concurso de piano en la sala.

(3) ¿Cuánto tiempo ( ) en llegar a la Luna?

(4) No ( ) acceder a esta página.

(5) Por aquí ( ) más rápido a la estación.

(6) ¿( ) mucho que estás ahí? —No, hace solo cinco minutos.

**❹** ( ) を命令法にしよう。

(1) (escuchar: tú ).

(2) (poner: tú ) el móvil en la mesa.

(3) (apagar: tú ) la luz de la cocina.

(4) (volver: tú ) a casa cuanto antes.

(5) (escribir: vosotros ) vuestra opinión sobre este tema.

(6) (venir: vosotros ) a mi lado para poder caminar juntos.

(7) (tener: tú ) cuidado en la carretera.

(8) (irse: tú ) ahora mismo.

(9) (fijarse: tú ) en la tabla de abajo.

**❺** 例にならって命令にしよう。

Ej. Me pasas la sal. → Pásamela. / Te levantas temprano. → Levántate.

(1) Sueltas al perro. → ----------------------------------------

(2) Le escribís. → ----------------------------------------

(3) La esperáis. → ----------------------------------------

(4) Me haces la comida. → ----------------------------------------

(5) Le dices la verdad. → ----------------------------------------

(6) Te acuestas. → ----------------------------------------

(7) Te pones los auriculares. → ----------------------------------------

(8) Os ducháis antes de salir. → ----------------------------------------

Tiendas tradicionales y otras no tanto

**❶ 例にならって、現在分詞を用いた文にしよう。**

Ej. (estar: yo) [comer]. → Estoy comiendo.

(1) El director (estar          ) [grabar         ] su próxima película.

(2) Ahora no puedo recibir la llamada, porque (estar: yo         ) [lavar        ]
los platos.

(3) El jefe (estar        ) [decir        ] algo importante, pero no lo
entendemos bien.

(4) (estar: yo        ) [pensar        ] en comprar un ordenador nuevo.

(5) (ir: nosotros       ) [correr        ] para no perder el tren.

(6) (seguir: yo        ) [tener        ] dolor de estómago.

(7) Ese jugador (llevar        ) muchos años [jugar        ] en el equipo.

(8) (quedarse: él        ) [mirar        ] la foto de su familia.

(9) ¿Puedes bajar el volumen? Los niños (quedarse        ) [dormir        ].

**❷ (　) 内の動詞を過去分詞にしよう。**

(1) Ellos venden productos (hacer        ) en Japón.

(2) Parece que Ángela está (perder        ). No sabe orientarse.

(3) El camino está lleno de hojas (caer        ).

(4) Estamos (acostumbrarse        ) a este ritmo de clase.

**❸ (　) に選択肢から動詞を選び、過去分詞にしよう。**

| leer, | avanzar, | resolver, | imprimir, | elevar, | poner |
|---|---|---|---|---|---|

(1) Los productos de oro suelen tener un precio (        ).

(2) Todos los ojos están (        ) en La Liga.

(3) Japón es uno de los países (        ).

(4) *El principito* es una novela muy (        ).

(5) Aquí hay 80 hojas (        ).

(6) Los asuntos están (        ).

**❹ (　) 内の動詞を現在完了にしよう。**

(1) El avión (salir        ) hace poco.

(2) Muchas personas todavía no (ponerse        ) la vacuna contra el virus.

(3) Hoy (ir: yo        ) a la escuela de mi hija.

(4) Este año (aumentar        ) mucho el consumo de cerveza en lata.

# Ejercicios adicionales de gramática

**❺** 下線部または波線部を目的格人称代名詞にして、質問に答えよう。

(1) ¿Has esperado a <u>Catalina</u> hasta ahora?

—Sí, _____.

(2) ¿Has pedido perdón a <u>su novia</u>?

—No, todavía _____.

(3) ¿Le habéis traído <u>un regalo</u>?

—Sí, _____ ya.

(4) ¿Te has puesto <u>la bufanda</u>?

—Sí, _____ ya.

(5) ¿Os habéis lavado <u>las manos</u>?

—No, todavía _____.


**❻** 関係詞を用いた文になるように、（　　）内に適切な語を書こう。

(1) Aquel es el centro comercial (　　) (　　　) compramos normalmente.

(2) Francisca es una amiga (　　　) (　　　) (　　) estudio en la biblioteca.

(3) El problema (　　) (　　　) hablamos no tiene solución.


**❼** 関係詞でつなごう。

(1) Conozco a <u>un chico catalán</u>. <u>Él</u> tiene 21 años.

→ Conozco a un chico catalán _____.

(2) Me interesa <u>un programa</u>. Mi padre odia <u>ese programa</u>.

→ Me interesa un programa _____.

(3) Esta mañana ha ocurrido <u>un accidente</u>. El tren llega tarde por <u>el accidente</u>.

→ El tren llega tarde por el accidente _____.

(4) Discutimos **sobre** <u>un asunto</u> en la reunión. <u>El asunto</u> causa problemas graves.

→ El asunto _____.

(5) Cierra la puerta **con** <u>una llave</u>. Ha perdido <u>la llave</u>.

→ Ha perdido la llave _____.

(6) Suelo pasar por <u>una calle</u>. En <u>esa calle</u> hay una chocolatería.

→ Hay una chocolatería en la calle _____.

Parador de Carmona

**❶ ( ) 内に適切な関係詞または定冠詞を入れよう。**

(1) En este hotel todo (　　　　　　　) que llega es bienvenido.

(2) (　　　　　　) (　　　　　　　　) necesito es practicar más el piano.

(3) (　　　　　　　) no trabaja, no come.

(4) Guarda el dinero (　　　　　　) un ladrón no lo puede encontrar.

(5) Tengo muchas buenas amigas. (　　　　　) (　　　　　　) siempre me ayuda
se llama Lucía.

(6) Respeta a (　　　　　　) dan su opinión sincera.

(7) Aquí es (　　　　　) podemos jugar al monopatín.

(8) Aquí hay muchos tipos de sandalias. Voy a comprar (　　　　　) (　　　　　)
me quedan bien.

(9) En esta tienda venden (　　　　　) (　　　　　　) necesito.

**❷ 指示にしたがって、比較表現になるように ( ) 内に適切な語を入れよう。**

(1) 優等比較に

El autobús va (　　　　　　) despacio (　　　　　　　) los peatones porque
hay mucha nieve.

(2) 同等比較に

Aquí no hay (　　　　　) gente (　　　　　　) allí.

(3) 同等比較に

Me acuesto (　　　　　) temprano (　　　　　　) mi madre.

(4) 同等比較に

Te gusta el pastel (　　　　　) (　　　　　) a Isabel.

**❸ 比較表現を完成させよう。**

(1) Hoy tengo 2 clases y Sandra tiene 4.

Sandra tiene (　　　　　) (　　　　　) (　　　　　) yo.

(2) Estos zapatos cuestan 58 euros y aquellos 72.

Aquellos zapatos son (　　　　　) (　　　　　) (　　　　　) estos.

(3) El diámetro de la Tierra es de 12 742 kilómetros y el del Sol es de 1 390 000.

La Tierra es (　　　　　) pequeña (　　　　　) el Sol.

(4) Estudias mucho y ella también.

Estudias (　　　　　) (　　　　　) ella.

(5) Mi padre sale de casa a las 7:30 y yo a las 10:00.

Salgo de casa (　　　　　) (　　　　　) (　　　　　) mi padre.

## Ejercicios adicionales de gramática

(6) Tengo 23 años y mi hermano 30.

Mi hermano es (   ) (   ) (   ) (   )
yo.

(7) Aquí hay 20 alumnas y allí hay 20.

Allí hay (   ) (   ) (   ) aquí.

**❹** ( ) 内に適切な語を入れて、最上級表現を完成させよう。

(1) Mi hermano es (   ) (   ) alto de mi familia.

(2) Rodrigo es (   ) (   ) estudia (   ) de la clase.

(3) Kioto es (   ) segunda ciudad (   ) visitada de Japón.

(4) Agustín y yo somos (   ) (   ) cantan (   ) de la
clase.

(5) Acuéstate (   ) (   ) temprano posible.

(6) Ese jugador gana (   ) (   ) nadie.

(7) Sus padres odian los juegos (   ) (   ) nada.

**❺** ( ) 内の語を絶対最上級にしよう。

(1) Su casa es (grande   ).   (2) Yo te amo (mucho   ).

(3) Fumar es (mal   ) para la salud.   (4) Esas cámaras son (caro   ).

(5) Ya nos quedan (poco   ) días.   (6) Dicen que ella es (inteligente   ).

(7) Su madre parece (joven   ).   (8) Es un problema (grave   ).

(9) En esta pastelería todas las tartas están (rico   ).

(10) La película que he visto hoy es (largo   ).

**❻** ( ) 内の動詞を直説法点過去にしよう。

(1) Esa niña (leer   ) 100 libros el año pasado.

(2) Al salir de casa, (empezar   ) a llover.

(3) ¿Quién (abrir   ) la ventana? —La (   ) yo.

(4) Como (sacar: yo   ) buenas notas en el examen,
mi madre (alegrarse   ) mucho.

(5) Cuando (escuchar: yo   ) ese ruido, (asustarse: yo   ) mucho.

(6) ¿Lo (pasar: tú   ) bien en la fiesta? —Sí, lo (   ) genial.

(7) Luis (mudarse   ) a Valencia en agosto y (empezar   ) a trabajar.

(8) ¿Qué te (pasar   )? —Nada. (sonar   ) la alarma muy fuerte.

(9) Le (explicar: yo   ) el sentido de palabra,
pero no lo (entender   ) bien.

## Lección 9

**❶ (　)内の動詞を直説法点過去にしよう。**

(1) Ayer (tener: nosotros　　　　　) muchísima suerte. Nos (tocar　　　　　) la lotería.

(2) Mi amigo argentino (venir　　　　　) a estudiar japonés en 2019.

(3) ¿Qué (hacer: tú　　　　　) el pasado fin de semana?

　　—(hacer　　　　　) una barbacoa en la playa.

(4) Sandra no (poder　　　　　) dormir bien anoche.

(5) Las Navidades me (traer　　　　　) el recuerdo de mi infancia.

(6) (traducir: nosotros　　　　　) un libro del español al inglés.

(7) ¿Dónde (poner: tú　　　　　) la foto de la boda? —La (poner　　　　　) allí.

(8) Los asistentes de la protesta (repetir　　　　　) el lema.

(9) El miércoles por la tarde (estar: ellos　　　　　) en la casa de Paz.

(10) Ayer (conducir: yo　　　　　) por primera vez y (chocar　　　　　) contra una farola.

(11) Los niños (dormir　　　　　) 10 horas anoche.

(12) ¿Adónde (ir: vosotros　　　　　) el verano pasado?

　　—(ir　　　　　) a la montaña para hacer camping.

(13) Mi hijo no (querer　　　　　) acostarse pronto, porque mi esposo le (dar　　　　　) un regalo después de cenar.

(14) Ella me (dar　　　　　) unos calcetines de lunares.

(15) Raúl (poner　　　　　) fin a su carrera como futbolista profesional.

(16) La policía (detener　　　　　) el autobús.

(17) Ese patinador artístico (conseguir　　　　　) la medalla de oro en Los Juegos Olímpicos.

(18) (obtener: yo　　　　　) la licencia de conducir hace un año y medio.

(19) Ellos (despedirse　　　　　) de su familia.

(20) Estela (irse　　　　　) a Londres para estudiar inglés.

**❷ (　)内の動詞を直説法線過去にしよう。**

(1) Iván (ser　　　　　) alto y (llevar　　　　　) gafas.

(2) Los domingos (soler: nosotros　　　　　) reunirnos en la plaza.

(3) Los invitados (comer　　　　　) y (beber　　　　　) mientras (conversar　　　　　).

(4) Mis abuelos (venir　　　　　) a verme cada dos semanas.

(5) En mi juventud (pasar: yo　　　　　) toda la noche leyendo comics.

(6) Mientras yo (estudiar　　　　　), tú (escuchar　　　　　) música.

# Ejercicios adicionales de gramática

(7) En esa época nos (gustar      ) ir a pescar al río.

(8) Antes de casarse (viajar: ella      ) mucho con sus amigas.

(9) Cuando (tener: ella      ) 18 años, (estudiar      ) mucho para la Prueba de Acceso a la Universidad.

**❸** ( ) 内の動詞を直説法点過去または直説法線過去にしよう。

(1) Cuando (salir: yo      ) de casa, (llover      ) mucho.

(2) (tener: yo      ) 27 años cuando (casarse: yo      ).

(3) Cuando me (llamar: tú      ), (estar: yo      ) duchándome.

(4) El niño (estar      ) muy cansado y (dormirse      ) enseguida.

(5) Cuando (ser: nosotros      ) estudiantes, no (haber      ) ninguna cafetería en el barrio.

(6) Como anoche (estar: yo      ) muy cansado, (poder      ) dormir bien.

(7) Entonces (darse: yo      ) cuenta de que me (faltar      ) dinero.

(8) Cuando lo (ver: yo      ) en la calle, (estar      ) buscando algo.

**❹** [ ] 内の動詞を直説法点過去または線過去に、( ) 内は直説法過去完了にしよう。

(1) Mi esposa [estar      ] enfadada porque yo (olvidar      ) su cumpleaños.

(2) Cuando [llegar      ] la policía, el ladrón ya (huir      ).

(3) Josefina ya (estar      ) dos veces en Francia antes de su visita del verano pasado.

(4) [darse: yo      ] cuenta de que ella (llorar      ) antes.

(5) Hasta el verano pasado nunca (ir: yo      ) al mar.

(6) Marcos [decir] que (ducharse      ).

(7) Cuando me [preguntar: él      ] sobre el libro, todavía no lo (leer: yo      ).

**❺** 動詞の時制に注意して、次の文を再帰受動文にしよう。

Ej.) (Ellos) buscan empleados. → Se buscan empleados.

(1) Necesitan más enfermeros en este hospital. →

(2) Han publicado la nueva edición del diccionario. →

(3) Celebraron la exposición de arte. →

(4) Vendieron todas las entradas. →

(5) Construyeron un edificio muy moderno cerca de la estación. →

## Lección 10

**❶** ( ) 内の動詞を直説法未来にしよう。

(1) Ellos no (llegar                    ) a tiempo.

(2) (verse: nosotros                     ) mañana en la clase.

(3) No se lo (decir: yo                  ) a nadie porque (causar              ) un problema grave.

(4) Dentro de poco (saber: vosotros              ) toda la verdad.

(5) En la entrevista de mañana (tener: tú              ) que contestar todo sinceramente.

(6) Este fin de semana (hacer              ) muy mal tiempo y (haber              ) una tormenta.

(7) Creo que le (gustar              ) el regalo.

(8) Mañana el sol (deshacer              ) la nieve.

(9) (tardarse              ) más de una hora en terminar todos los trámites.


**❷** ( ) 内の動詞を直説法未来完了にしよう。

(1) ¿Qué (hacer                  ) yo para tener tan mala suerte?

(2) Son las diez. Mi hija ya (empezar                  ) la entrevista.

(3) ¿Quién (dejar                  ) aquí los calcetines?

(4) (ser                  ) una opción mejor para todos.

(5) Parece que Luis está muy bien. (mejorarse                  ) ya.

(6) Ella sacó cien puntos en el examen. (estudiar              ) mucho.


**❸** [ ] 内の動詞を直説法点過去または線過去に、( ) 内の動詞を直説法過去未来にしよう。

(1) Me preguntó si (poder: yo              ) ayudarlo al día siguiente.

(2) Lucía no contestó a la llamada. ¿Dónde (estar              )?

(3) Rocío me prometió que lo (terminar              ) pronto.

(4) Enrique nos [decir              ] que (casarse              ) a finales de diciembre.

(5) Ya [saber: yo              ] que Adrián (tener              ) que examinarse otra vez.

(6) Le [preguntar: yo              ] cuándo (irse              ) a México.

(7) Mi hijo todavía (estar              ) despierto cuando [empezar: yo              ] a prepararle la sorpresa.

(8) Nos (gustar              ) reservar una mesa mañana a las siete.

(9) Me (encantar              ) ir, pero tengo que ayudar a mi madre hoy.

# Ejercicios adicionales de gramática

**4** (　) 内の動詞を直説法過去未来完了にしよう。

(1) ¡Enhorabuena! Pensaba que no (poder: vosotros　　　　　　　) lograrlo.

(2) El otro día Vicente estaba muy triste. (tener　　　　　　　) una pelea con su novia.

(3) Vi a los hijos de Isabel en la calle. (salir　　　　　　　) temprano de la escuela.

(4) Oí un grito de alegría cerca del estadio. El Barça (ganar　　　　　　　).

(5) Había charcos delante de su casa. (llover　　　　　　　) mucho.

(6) Susana y Mónica se alegraron mucho. (aprobar　　　　　　　) el examen.

**5** (　) 内の動詞を接続法現在にしよう。

(1) Que (cumplirse　　　　　) todos tus deseos.

(2) Quizá(s) (bajar　　　　　) la temperatura la próxima semana.

(3) Tal vez no (confiar: ella　　　　　) en mi consejo.

(4) Quizá(s) (deber: tú　　　　　) revisarlo otra vez.

(5) Que (descansar: él　　　　　) en paz.

**6** (　) に選択肢から動詞を選び、接続法現在の適切な形にしよう。

| estar, | pasar, | llegar, | tocar, | guardar, | mejorar |
| --- | --- | --- | --- | --- | --- |

(1) ¡Ojalá mi hija (　　　　　　) nuestros recuerdos!

(2) Quizás (ellos　　　　　) tarde a la clase.

(3) ¡Ojalá me (　　　　　) la lotería!

(4) Tal vez tu madre te (　　　　　) buscando.

(5) ¡Que lo (tú　　　　　) bien!

(6) Quizás (　　　　　) pronto la situación económica del país.

Vista de la Mezquita desde la Calleja de las Flores

# Lección 11

**❶** ( ) 内の動詞を接続法現在にしよう。

(1) Es lógico que (estudiar: ellos           ) mucho para aprobar.

(2) Me ordenan que (salir       ) del piso pronto.

(3) Te pido que (conducir       ) con mucho cuidado.

(4) Os aconsejamos que (seguir        ) estudiando.

(5) Me sorprende que no (tener: tú         ) nada que hacer hoy.

(6) Ellos temen que yo no (llegar       ) a tiempo.

(7) Es importante que (hacer: tú       ) ejercicio todos los días.

**❷** ( ) 内の動詞を直説法現在または接続法現在にしよう。

(1) Creo que Daniela (ir       ) a la fiesta de cumpleaños de Francisca.

(2) Te ordeno que no me (mentir       ).

(3) Es curioso que nadie (querer        ) tomar vacaciones.

(4) Nos parece que no (ser       ) necesario seguir discutiendo sobre este tema.

(5) Es verdad que ahora no (haber        ) nadie en la plaza.

(6) Mi abuela teme que le (doler       ) las rodillas otra vez.

(7) César dice que (estar       ) en la clínica ahora.

(8) El ayuntamiento permite que los ciudadanos (hacer        ) la solicitud en línea.

(9) No es cierto que Gilberto (tener       ) problemas económicos.

**❸** ( ) 内の動詞を直説法現在または接続法現在にしよう。

(1) Conozco a una chica que (bailar        ) muy bien el flamenco.

(2) ¿Conoces a alguien que (tener        ) un chalé cerca del mar?

(3) Estoy buscando un trabajo que (pagar       ) bien.

(4) Aquí hay un empleado que (poder        ) hacer el trabajo de dos personas.

(5) Quiero comprar algo que (quedar        ) bien con este vestido.

(6) No veo a nadie que (poder       ) hacerlo mejor que Ofelia.

(7) No conozco a nadie que (entender       ) alemán.

(8) No conocemos a nadie que nos (poder        ) ayudar a traducir esto.

**4** ( ) 内の動詞を直説法現在または接続法現在にしよう。

(1) Cuando (pasar: yo            ) por esta calle, suelo comprar frutas.

(2) Cuando me (llamar: tú         ), siempre me alegro de oírte.

(3) Cuando (visitar: yo        ) Bilbao, suelo alojarme en este hotel.

(4) Cuando (ir: usted        ) a las Fallas de Valencia, envíeme sus fotos.

(5) Aunque no (preparar: tú        ) bien, ve a la reunión.

(6) Cuando (graduarse: yo        ) en la universidad, seré cantante.

**5** ( ) 内の動詞を命令形にしよう。

(1) (terminar: nosotros        ) ya con este juego.

(2) (ponerse: usted      ) de pie.

(3) No lo (poner: tú      ) en la mesa.

(4) No (decir: nosotros       ) algo sin pensar.

(5) (devolvérselo: ustedes         ) enseguida.

**6** 例にならって肯定命令を否定命令に、否定命令を肯定命令にしよう。

Ej.) Mírame. → No me mires.

(1) Hablen en voz alta. →

(2) No me busque. →

(3) Cuelga el teléfono. →

(4) No vengas a mi casa. →

(5) Poneos los zapatos. →

(6) Vete. →

(7) Tráemelos. →

(8) No nos durmamos. →

Espectáculo flamenco en las Cuevas del Sacromonte (Granada)

## Lección 12

**❶ (  ) 内の動詞を接続法現在完了にしよう。**

(1) Es necesario que el candidato (tener                    ) experiencia en ventas.

(2) Es extraño que no (votar: ellos                    ) a ese partido.

(3) No conozco a nadie que (recorrer                    ) todo el país en bicicleta.

(4) Nos alegramos de que nos (reducir: ellos                    ) los impuestos.

(5) ¿Hay alguien que (resolver                    ) esta cuestión?

**❷ (  ) 内の動詞を接続法過去にしよう。**

(1) No creí que (poder: ellos                    ) disfrutar de ese juego.

(2) Le pedí que me (acompañar                    ) al banco para sacar dinero.

(3) El médico me recomendó que (ponerse                    ) las gafas con filtros para la pantalla.

(4) Mi esposa me desaconsejó que (trabajar                    ) tantas horas delante del ordenador.

(5) Rubén nos sugirió que (contar                    ) este asunto al jefe.

(6) No era seguro que no (tener: él                    ) capacidad para devolver la deuda.

(7) Me encantaría que (poder: tú                    ) compartir tu opinión conmigo.

**❸ (  ) 内の動詞を接続法過去完了にしよう。**

(1) Para salir del hospital era necesario que el paciente
(terminar                    ) todo el tratamiento.

(2) Era necesario que (registrar: tú                    ) tu cuenta del banco.

(3) Me gustaría que los participantes (leer                    ) de antemano
el informe.

(4) Se lamentaron de que las negociaciones (romperse                    )
definitivamente.

(5) Temía que (cometer: vosotros                    ) alguna falta muy grave.

**❹ (  ) 内の動詞を適切な形にして、条件文にしよう。**

(1) Si no (llover                    ) mañana, iremos a la montaña.

(2) Si (querer: vosotros                    ) aprobar el examen, estudiad mucho.

(3) ¿Qué necesitarías si (vivir: tú                    ) solo en una isla desierta?

(4) Si el equipo (ganar                    ) el partido, ¿qué habría pasado?

(5) Si no la (ver: nosotros                    ), no habríamos perdido el tren.

# Ejercicios adicionales de gramática

**⑤** 例にならって、条件文をつくろう。

Ej.1) No tengo tiempo, por eso no puedo ver todas las películas de ese director.

→ Si tuviera tiempo, vería todas las películas de ese director.

Ej.2) Santiago vino a mi casa anoche, así que me acosté tarde.

→ Si Santiago no hubiera venido a mi casa anoche, no me habría acostado tarde.


(1) No puedo hablar inglés, por eso no puedo tener amigos extranjeros.


(2) No pueden contestar a la pregunta, así que el profesor no está contento.


(3) Como no me levanté temprano, no pude llegar a tiempo.


(4) No lo llamé, así que no vino a ayudarme.


(5) Mi vida cambió porque ocurrió ese accidente.

```
          GRUPO DIA%
CL RAIMUNDO FERNANDEZ VILLAVERDE
   50
   28003 Madrid
   FACTURA SIMPLIFICADA
   04-06-2023 16:52 13816 007138168
   N.FACT.S: 00047861    N.CAJA:002

DESCRIPCION ARTICULO           IMPORTE €
   CANTIDAD      PVP/UNIT
---------------------------------------
SANDWICH POLLO MOSTA              1,50 B
AGUA NATUR.AQUAR.75C              0,75 B
BARR.CEREAL MANZ-ALB              1,29 B
GASEOSA GASEO 50 CL               0,32 C
AGUA LANJARON 1,5LT               0,85 B
---------------------------------------
TOTAL COMPRA  GRUPO DIA%          4,71

     DESGLOSES DEL IVA GRUPO DIA%
     TIPO IVA      BASE      CUOTA
  (B) 10,00%       3,99       0,40
  (C) 21,00%       0,26       0,06


*****************************************
TOTAL A PAGAR EUROS               4,71
TARJET.DAT                        4,71
CAMBIO                            0,00


     INFORMESE DE LAS VENTAJAS DEL
            CLUB DIA%
```

IVA (impuestos sobre el valor añadido)
tipo A - 4% asistencia médica y sanitaria, educación, operaciones financieras
tipo B - 10% alimentos básicos, transporte, hostelería
tipo C - 21% resto de productos

# Apéndice　文法補遺

## Introducción

**音節、音節の分け方**

ひとまとまりの音として認識され、発音される音を音節という。

¡OJO!　・二重母音、三重母音は1つの母音とみなす
　　　　・二重子音、複文字 (ch, ll, rr) は1つの子音とみなす

① 母音間に子音が1つある場合、後ろの母音につく。

a – jo　　ca – sa　　li – bro　　ca – lle　　pe – rro

② 母音間に子音が2つ以上ある場合、1子音は後ろの母音につき、あとは前の母音につく。

ar – te　　　　　　　ac – ción　　　　　　　fran – cés

cons – truc - ción　　ins – tru – men – to　　obs – tá – cu – lo

¡OJO!　強母音が2つ続く場合や弱母音にアクセント符号がつく場合、2つに分かれて別の音節を作る
　　　　o – a – sis　　　te – a – tro　　　pa – ís　　　dí - a

## Lección 1

**形容詞の位置**

1) 名詞の特徴や性質をあらわす形容詞は名詞に前置される。

la **blanca** nieve　　　la **dulce** miel　　　el **fiel** perro

2) 位置によって意味が変わる形容詞

前置：主観的・抽象的意味　　　　　　　後置：客観的・具体的意味

かわいそうな男の子　un **pobre** niño　　—　　un niño **pobre**　　貧しい男の子
古くからの友人　　　un **viejo** amigo　　—　　un amigo **viejo**　　年老いた友人
今度の家　　　　　　una **nueva** casa　　—　　una casa **nueva**　　新築の家
偉大な人　　　　　　un **gran** hombre　　—　　un hombre **grande**　大きな人

## Lección 2

**序数詞 (6 ～ 10)**

| 6 | sexto | sexta | sextos | sextas |
|----|---------|---------|----------|----------|
| 7 | séptimo | séptima | séptimos | séptimas |
| 8 | octavo | octava | octavos | octavas |
| 9 | noveno | novena | novenos | novenas |
| 10 | décimo | décima | décimos | décimas |

## Lección 4

**muy, mucho, -mente**

1) muy　副詞（形容詞、副詞を修飾）

　　Estamos **muy** contentos con su éxito.

　　Hoy salgo de casa **muy** temprano.

2) mucho　形容詞（名詞を修飾）、副詞（動詞を修飾）、代名詞

　　Juanjo bebe **mucho** vino.

　　**Muchas** gracias por tu ayuda.

　　Mi hijo quiere comer **mucho**.

　　Todavía queda **mucho** que hacer.

3) -mente　副詞（形容詞に -mente をつける）

　　real → real**mente**　　　　difícil → difícil**mente**　　　　rápido → rápid**amente**

 -o で終わる形容詞は女性形にしてから -mente をつける tranquilo → tranquilamente

形容詞が 2 つ以上の場合 Nuestro director habla clara y lentamente.

## Lección 5

**前置詞**

| | | |
|---|---|---|
| a | ① 方向・到達点 | Este tren va **a** Sevilla |
| | | Llegué **a** casa tarde. |
| | ② 目的語 | Vemos **a** Adrián esta tarde. （直接目的語が特定の人の場合） |
| | | Le preparo un regalo **a** José. （間接目的語） |
| | ③ 空間的位置・時間的位置 | Te espero **a** la derecha de la puerta. |
| | | El gato está **al** lado de la silla. |
| | | ¿**A** cuántos estamos hoy? —Estamos **a** 23 de octubre. |
| | | **Al** salir de casa, cierro la puerta con llave. |
| | | La estación está **a** 15 minutos del parque. |
| | ④ 手段・方法 | Mi padre va a la oficina **a** pie. |
| | | Me regaló una bufanda hecha **a** mano. |
| con | ① 随伴（〜と一緒に） | Elisa vive **con** su familia. |
| | | ¿Quieres ir **con** nosotros? |
| | ② 所持・付随 | Salgo **con** paraguas plegable. |
| | | Un café **con** leche, por favor. |
| | ③ 道具・手段 | ¿Puedo pagar **con** tarjeta de crédito? |
| | ④ 感情・態度・動作の対象 | Mi madre está enfadada **con**migo. |
| | | Luis es muy amable **con** otras personas. |
| de | ① 所有・所属 | Soy **de** la Facultad de Derecho. |
| | | Este bolso es **de** Carmen. |

---

| | | |
|---|---|---|
| ② 出身・産地 | ¿**De** dónde eres? —Soy **de** Málaga. | |
| | Este vino es **de** Chile. | |
| ③ 部分 | ¿Alguno **de** vosotros sabe alemán? | |
| | Es el más alto **de** la clase. | |
| ④ 材料 | La mesa es **de** madera. | |
| | Ese plato es **de** cerámica. | |
| ⑤ 題材 | Hablamos **de** este tema. | |
| | La película trata **de** la historia española. | |
| ⑥ 起点・開始点 | Salgo **de** casa a las ocho. (起点) | |
| | Trabajo **de** lunes a viernes. (開始点) | |
| ⑦ 用途・目的 | En verano llevo gafas **de** sol. | |
| | Voy **de** compras. | |
| ⑧ 年代 | **De** joven leía muchos comics. | |
| ⑨ 役割 | ¿Qué quiere **de** primero? | |
| | Mi hermana trabaja **de** camarera. | |
| ⑩ 状態 | Ahora estoy **de** vacaciones. | |
| | La tienda está **de** rebajas. | |

| | | |
|---|---|---|
| desde | 起点・開始点 | ¿Veis algo **desde** aquí? (起点) |
| | | Mi tío vive en Japón **desde** hace 5 años. (開始点) |

| | | |
|---|---|---|
| en | ① 場所 | España está **en** la Península Ibérica. |
| | | Hay peluches **en** la estantería. |
| | ② 時点 | En Japón llueve mucho **en** junio. |
| | | Empecé a trabajar **en** 2015. |
| | ③ 手段・方法 | Hablo con mi profesor **en** español. (言語) |
| | | Voy a la universidad **en** metro. (交通) |
| | | Quiero pagar **en** efectivo. (方法) |
| | ④ 様態 | Leedlo **en** voz alta. |
| | | Sale de casa **en** pijama. |
| | | Lleva al bebé **en** brazos. |
| | ⑤ 思考・信頼・信念の動詞 ("～を"、"～のことを") | Nuestra abuela siempre piensa **en** nosotros. |
| | | No confío **en** ellos. |
| | | Mi hija cree **en** Papa Noel. |

| | | |
|---|---|---|
| hasta | 到達点・終点 | El tren va desde Madrid **hasta** Barcelona. (到達点) |
| | | La temporada de lluvias sigue **hasta** mediados de julio. (終点) |

| | | |
|---|---|---|
| para | ① 目的 | Las manzanas son buenas **para** la salud. (目的) |
| | | Esta carta es **para** ella. (宛先) |
| | | Mañana partimos **para** España. (行き先) |
| | | En la segunda planta hay tiendas de ropa **para** niños. (用途「～用の」) |

② 関与（〜にとって）　**Para** mí es difícil entenderlo.

③ 期限　　　　　　　Haremos deberes **para** mañana.

por　① 原因・理由　　Ella está preocupada **por** la entrevista de mañana.

　　　　　　　　　　Muchas gracias **por** tu ayuda.

　② 割合（〜につき）　Se alquilan bicicletas **por** horas.

　③ 方法・手段　　　Te llamo **por** teléfono esta noche.

　　　　　　　　　　Sube **por** la escalera.

　④ 時間帯　　　　　Salgo con mis amigos **por** la mañana.

　⑤ 経路・空間的広がり　Para ir a la estación, se va recto **por** esta calle.（経路）

　　　　　　　　　　En verano viajo **por** México.

　　　　　　　　　　Mis abuelos dan un paseo **por** aquí.（漠然とした場所）

sin　　欠如　　　　　Ella no puede vivir **sin** ti.

　　　　　　　　　　Quiero una cerveza **sin** alcohol.

**その他の感嘆文**

1) ¡Qué ＋名詞＋ más・tan ＋形容詞（＋動詞＋主語）！

Es un día muy agradable. → ¡**Qué** día tan agradable!

Mi abuela prepara una paella muy rica. → ¡**Qué** paella tan rica prepara mi abuela!

 ¡**Qué** <u>interesante</u> (es el libro)! ← El libro es muy interesante.
感嘆の対象は名詞・形容詞・副詞

¡**Qué** <u>libro más interesante</u>! ← Es un libro muy interesante.
感嘆の対象は名詞＋形容詞

2) ¡Cuánto/a/os/as ＋名詞（＋動詞＋主語）！

¡**Cuánto** tiempo!

¡**Cuántas** sorpresas!

Tienes muchos amigos. → ¡**Cuántos** amigos tienes!

3) ¡Cómo / Cuánto ＋動詞＋主語！

¡**Cómo** llueve hoy!

¡**Cuánto** trabajas!

Esta caja pesa mucho. → ¡**Cómo** / **Cuánto** pesa esta caja!

## Lección 7

**現在分詞**

不規則形

leer → leyendo　　　　　ir → yendo　　　　　　oír → oyendo

incluir → incluyendo　　　decir → diciendo　　　pedir → pidiendo

sentir → sintiendo　　　　venir → viniendo　　　seguir → siguiendo

dormir → durmiendo　　　poder → pudiendo　　　divertir → divirtiendo

### 過去分詞

不規則形

| | | |
|---|---|---|
| decir → dicho | hacer → hecho | ver → visto |
| poner → puesto | volver → vuelto | resolver → resuelto |
| romper → roto | freír → frito | abrir → abierto |
| cubrir → cubierto | morir → muerto | imprimir → impreso |

 強母音＋ido　caer → caído,　leer → leído,　oír → oído

### 関係詞

制限用法　関係節が先行詞の内容限定する用法。先行詞が人の場合は que のみ。

Tengo un amigo **que** (×quien) nació en esta ciudad.

Este es el edificio **que** tiene un hotel en la planta de arriba.

非制限用法　関係節が先行詞の内容を説明する用法。先行詞が人の場合 quien(es) も使用可。

Este es mi padre, **que** (○quien) nació en esta ciudad.

El chocolate Valor, **que** me gusta más que nada, tiene varios sabores.

1) 前置詞（＋定冠詞）＋ **que**

Hablamos de un profesor.　　El profesor es de Segovia.

　　　　→ El profesor **del que** hablamos es de Segovia.

Las chicas **con las que** cenamos hoy son azafatas.

La revista **a (la) que** te refieres está agotada.

La heladería **en (la) que** he comprado helados tiene buena fama.

 先行詞が事物で、前置詞 a, con, de, en を伴う場合、定冠詞は省略可

2) 前置詞＋ **quien(es)**

El profesor **de quien** hablamos es de Segovia.

Las chicas **con quienes** cenamos hoy son azafatas.

 先行詞を明確にしたい場合は el que / la que を用いる（非制限用法）
Hoy viene el hijo de María, con el que salí anoche.

## Lección 8

### その他の最上級表現

| | |
|---|---|
| 「できるだけ〜」 | Debemos hacerlo **lo más** pronto **posible**. |
| 「最も〜の１つ」 | *La Dolores* es uno de **los mejores** bares en Madrid. |
| 否定語を用いた最上級 | Me gusta el café solo **más que nada**. |
| | Mereces la medalla **más que nadie**. |

### 絶対最上級

① 母音で終わる語　母音をとって-ísimo をつける。

mucho → much**ísimo**　　guapo → guap**ísimo**　　interesante → interesant**ísimo**

Tengo **muchísimos** libros en casa.　　Las uñas de los bebés son **pequeñísimas**.

② 子音で終わる語　そのまま -ísimo をつける。

fácil → facil**ísimo**　　　　difícil → dificil**ísimo**　　　　El cielo está **azulísimo**.

③ その他

poco → po**quísimo**　　　　largo → lar**guísimo**　　　　feliz → feli**çísimo**

bueno → buen**ísimo**　　　　joven → joven**çísimo**　　　　antiguo → anti**quísimo**
　　　　(bonísimo)

## 縮小辞

縮小辞　名詞や形容詞に縮小辞をつけて、小ささや親愛の気持ちを表す。

-ito　perro – per**rito**　　　momento – momen**tito**　　　poco – po**quito**
　　　Ángel – Angel**ito**　　　Juana – Juan**ita**

-illo　chico – chi**quillo**　　　guerra – guer**rilla**
　　　paso – pas**illo(s)**

**¡OJO!**　意味が変わる語
cigarro – cigar**rillo**
ventana – ventan**illa**
zapato – zapat**illa**

## Lección 9

### 知覚、使役・放任、命令・許可の動詞

1) 知覚動詞 (oír, ver, sentir など) ＋不定詞・現在分詞・過去分詞

**Oigo** <u>cantar</u> a una niña con su madre.
La **vi** <u>entrar</u> sola en la cafetería.
Ellos **oyeron** el viento <u>soplando</u> fuera.
**Vemos** a una chica <u>dormida</u> en el tren.
Entonces **sintió** el corazón <u>roto</u>.

2) 使役・放任の動詞 (hacer, dejar) ＋不定詞

Los **hago** <u>callar</u> en la ceremonia.
Esa noticia me **hizo** <u>llorar</u>.
Me **hicieron** <u>trabajar</u> medio día.
El profesor no nos **deja** <u>hablar</u> en clase.
Le **dejé** jugar videojuegos a mi hijo.
¿Podría **dejarme** <u>pasar</u>?

3) 命令・許可の動詞 (mandar, ordenar, prohibir, permitir) ＋不定詞

El jefe me **mandó** <u>hacer</u> un informe.
Mi madre me **ordenó** <u>apagar</u> la tele.
El médico le **prohíbe** <u>beber</u> a mi padre.
No se **permite** <u>fumar</u> aquí.

### 点過去と線過去

① 点過去は終了した行為、線過去は反復行為を表す。

Ayer **fuimos** a la montaña para hacer camping.
De pequeños **íbamos** a la playa en las vacaciones de verano.

② 点過去は終了した行為や出来事、線過去は継続していた行為や状態を表す。

Me **gustó** la canción que oí en la cafetería.

En esa época nos **gustaba** ir a pescar al río.

Ayer **hubo** una fiesta en mi casa.

En la fiesta **había** mucha gente.

Mi hijo no **quiso** acostarse pronto, porque mi esposo le dio un regalo después de cenar.

**Quería** preparar bien el examen, pero no pude.

③ 継続時間にかかわらず、終了が明確な場合は点過去を用いる。

Mis tíos **vivieron** 15 años en Sevilla.

（Cuando éramos niñas, **vivíamos** en Salamanca.　過去に継続していた状態）

## Lección 10

**未来完了**

未来のある時点までに終わっている事柄

**Habré preparado** la cena a las ocho.

**Habremos terminado** el proyecto en septiembre.

Dentro de 100 años ya **habremos muerto**.

**過去未来完了**

過去から見た未来のある時点までに終わっている事柄

Ellos me dijeron que **habrían vuelto** a Japón para el mes de mayo.

Pensábamos que **habríamos solucionado** el problema informático para las tres.

**話法**

直接話法　ある人が話したことをそのまま伝達する形式

Juan dice: —**Tengo** mucha hambre.

間接話法　ある人が話したことを話し手が自分の言葉で言いかえて伝達する形式

Juan dice que **tiene** mucha hambre.

直説話法 → 間接話法

1) 現在時制

主動詞が直説法現在・現在完了の場合、従属節の動詞は直説法現在となる。主語の人称変化に注意。

Luisa dice: —**Estoy** enferma.

Luisa dice que **está** enferma.

La chica ha dicho: —**Me llamo** Natalia.

La chica ha dicho que se **llama** Natalia.

2) 過去時制

　主動詞が過去時制の場合、従属節の動詞の時制は以下のようになる。主語の人称変化に注意。

① 現在 → 線過去

　Manuela dijo: —**Quiero** maquillarme antes del desayuno.

　Manuela dijo que **quería** maquillarse antes del desayuno.

② 線過去 → 線過去

　Los profesores dijeron: —**Estudiábamos** mucho cuando éramos jóvenes.

　Los profesores dijeron que **estudiaban** mucho cuando eran jóvenes.

③ 現在完了 → 過去完了

　Mi hermano dijo: —<u>Hoy</u> **me he levantado** a las diez.

　Mi hermano dijo que <u>ese día</u> **se había levantado** a las diez.

④ 点過去 → 点過去 / 過去完了

　Ana dijo: —Mi hijo **se fue** de casa para trabajar <u>ayer</u>.

　Ana dijo que su hijo **se había ido** / **se fue** de casa para trabajar <u>el día anterior</u>.

⑤ 未来 → 過去未来

　Lucía y Raquel dijeron: —**Haremos** una fiesta de disfraces <u>mañana</u>.

　Lucía y Raquel dijeron que **harían** una fiesta de disfraces <u>al día siguiente</u>.

 間接話法では、主語の人称変化の他に次の変化にも注意すること
1) 目的格人称代名詞、所有詞の人称
Carmen me dijo: —**Te** envío el regalo de cumpleaños por correo.
Carmen me dijo que **me** enviaba el regalo de cumpleaños por correo.

Ella me dijo: —**Tu** madre estaba preocupada por **ti**.
Ella me dijo que **mi** madre estaba preocupada por **mí**.

2) 時の副詞
ahora →　entonces　　　　hoy →　ese día / aquel día
ayer →　el día anterior　　mañana →　al día siguiente

## Lección 12

**比喩表現**

como si ＋接続法過去「まるで～のように」

Jane conoce muy bien Madrid **como si viviera** allí.

Jane conoce muy bien Madrid **como si hubiera nacido** allí.

Jane conocía muy bien Madrid **como si viviera** allí.

Jane conocía muy bien Madrid **como si hubiera nacido** allí.

［写真提供］
Lección 9　バレンシアの火祭り　© Helena GARCIA HUERTAS / Shutterstock.com
Lección 10　Sagrada Familia © Mistervlad / Shutterstock.com

※記載のないものは著者、または Shutterstock.com


［装丁・本文レイアウト］森田幸子

**エクスプレサテ！**
―文法から表現へ、スペイン語総合レッスン―

検印
省略

© 2024 年 1 月 30 日　初 版 発 行

著　者　　　　野　村　明　衣
　　　　　　　砂　原　由　美

発行者　　　　小　川　洋一郎
発行所　　　　株式会社　朝 日 出 版 社

101-0065　東京都千代田区西神田 3-3-5
電話直通　(03)3239-0271/72
振替口座　00140-2-46008
https://www.asahipress.com/

組　版　　　　有限会社ファースト
印　刷　　　　図書印刷株式会社

乱丁、落丁本はお取り替えいたします。
ISBN978-4-255-55152-4　C1087